# La Constitution libanaise

## revisitée

# La Constitution libanaise revisitée

Proposition de projet de loi constitutionnelle portant modification de certaines dispositions de la Constitution

Beyrouth 2025

Titre :    La Constitution libanaise revisitée : Proposition de projet de loi constitutionnelle portant modification de certaines dispositions de la Constitution.

Auteurs :  Prof. Rizk Mansour ZGHEIB ; Juge Mayssam Abdel Qader NOUEIRI ; Dr Hicham Samah AWAR ; M. Hassan Hussein el HUSSEINI ; M. Mansour Antoine EL-KHOURY ; Dr Rana Mohamad Nizam El HUSSEINI ; Prof. Farid Menhem JABBOUR ; Dr Wissam Abdo el LAHHAM ; Rév. Dr Michel Chafic ROUHANA O.A.M.

Contacts :

Canada : +1437-7884837,

Liban : +961-3-264899 ;  +961-81- 367247,

Emails : rizkzgheib@gmail.com ; bounamichel@gmail.com

Boite postale : Beyrouth 116 – 5220


ISBN : 9798304314770

Mesure: 17 x 24 cm

Première publication : 2025

Nombre de pages : 100

Imprimé par Dar Sader, Liban. (darsader@gmail.com)

# Proposition de projet de loi constitutionnelle portant modification de certaines dispositions de la Constitution libanaise

élaborée par :

Prof. Rizk Mansour ZGHEIB ; Juge Mayssam Abdel Qader NOUEIRI ; Dr Hicham Samah AWAR ; M. Hassan Hussein el HUSSEINI ; M. Mansour Antoine EL-KHOURY ; Dr Rana Mohamad Nizam El HUSSEINI ; Prof. Farid Menhem JABBOUR ; Dr Wissam Abdo el LAHHAM ; Rév. Dr Michel Chafic ROUHANA *O.A.M.*

Beyrouth, 8 novembre 2024

# Table des matières

# Exposé des motifs

Il n'est pas surprenant de dire que la Constitution de la République libanaise, publiée il y a près de cent ans, en mai 1926, est la doyenne des constitutions de la région, reflétant l'enracinement des traditions démocratiques et l'ancrage du patrimoine juridique dans le pays du Cèdre.

La Constitution libanaise fait partie des constitutions rigides. Elle définit dans ses articles 76 à 79 une procédure complexe de modification. Depuis son adoption, douze amendements y ont été introduits dont les deux plus importants sont celui intervenu en novembre 1943, qui a marqué le passage du Liban de la I$^{ère}$ à la II$^{ème}$ République, et le second survenu le 21 septembre 1990 à la suite de l'accord d'entente nationale adopté à Taëf en Arabie Saoudite et ratifiée au Liban, qui a permis de passer à la III$^{ème}$ République, encore en vigueur aujourd'hui.[1]

Les réformes introduites par le dernier amendement suite à une guerre civile sanglante ont «permis l'instauration d'une véritable participation à la prise de décision et d'un Etat de droit», comme l'a souligné la Commission arabe tripartite qui a soutenu un accord visant à mettre fin à la guerre et à établir la paix.

En effet, les principes du régime politique esquissés par le congrès de Taëf reposent sur «le passage d'un régime de domination, bien que modéré par un certain bicéphalisme, à un régime de participation collective et d'abolition de toute hégémonie, ainsi que d'un régime de subjugation possible à un régime de compréhension et de contrainte impossible».[2] Cela devrait être accompli par le biais de la mise en place d'un partage paritaire du pouvoir entre Musulmans et Chrétiens, *de jure* au sein de la Chambre des députés et, *de facto*, dans le cadre du Conseil

---

[1]   Concernant le nombre de Républiques ; voir Conseil d'Etat libanais, Avis consultatif n$^{0}$ 94 du 19/2/1997, Ministère de l'Education nationale, de la Jeunesse et des Sports.

[2]   Albert MANSOUR, *Le Coup d'Etat contre Taëf,* éd. Dar Al Jadid, (en arabe),1993, p. 81.

des ministres, où réside l'autorité décisionnelle au niveau du pays. Ce pouvoir devant s'exercer sur un pied d'égalité et d'équité dans le cadre d'une démocratie aménagée, supposée favoriser l'accord interconfessionnelle avec une représentation proportionnelle des diverses communautés au sein même de cette parité. L'ensemble de ce dispositif s'inscrirait dans une phase de transition, prélude à une abolition progressive du confessionnalisme, soit intégrale, soit limitée aux aspects politiques. La représentation des communautés religieuses devant être cantonnée à un Sénat dont l'objectif est de dissiper les craintes et d'apaiser les doutes.

La consécration du régime établi par la réforme constitutionnelle de 1990 s'est révélée être un besoin urgent et existentiel pour un pays composé de minorités confessionnelles associées, comme l'a souligné Michel Chiha. Toutefois, la pratique prolongée, s'étalant sur plus de trois décennies, a révélé des obstacles et des lacunes dans le fonctionnement des institutions pesant sur l'efficacité gouvernementale, ce qui nécessite la mise en place de mécanismes appropriés pour activer et dynamiser l'action des Pouvoirs sans pour autant porter atteinte aux principes de participation et d'égalité consacrés par l'accord de Taëf, dans le cadre d'un régime républicain, démocratique, parlementaire, et d'un pouvoir central n'éprouvant aucune méfiance à adopter la pratique administrative décentralisée comme méthode, et à promouvoir l'approche du développement des régions de manière équilibrée et adaptée. Par ailleurs, l'éternisation de la période de transition a aussi mis en évidence l'impuissance et l'ambiguïté du processus d'abolition du confessionnalisme ce qui rend nécessaire le réajustement de cette procédure à la lumière des contraintes socio-politiques existantes afin qu'elle puisse mieux servir la formation de la citoyenneté au Liban, tout en tenant compte de la spécificité de la composition plurielle de sa société.

L'expérience a montré qu'un amendement ponctuel, ciblé et circonscrit du texte constitutionnel s'avère être nécessaire afin de renforcer ses mécanismes sans pour autant toucher à son essence. Cela vise à concilier la «participation» avec «l'efficacité» de sorte que la seconde ne l'emporte pas sur la première à l'instar de ce qui sévissait sous les deux premières Républiques, créant ainsi une impression d'hégémonie accompagnée d'un sentiment d'injustice et de frustration, tous générateurs de crises et de violence. Il ne faut pas, non plus, que la première éclipse la seconde, comme c'est actuellement le cas, érigeant le blocage en doctrine et rendant la paralysie des institutions une pratique courante à laquelle les rouages du pouvoir se sont malheureusement habitués.

«Il existe une différence entre des dispositions structurelles ayant un caractère durable pour garantir la paix civile à travers un nouvel accord entre les groupes libanais en proie à des conflits et à des rivalités, et des articles visant à organiser la vie politique ordinaire. Alors que nous devons aborder les premières avec un certain degré de sacralité ou, à tout le moins, avec un engagement strict, nous pouvons considérer les seconds comme des règles nécessitant une interprétation pratique et pouvant également requérir une réflexion pour leur développement, afin de répondre aux exigences de changement relatives aux conditions de la société,  tirant ainsi les leçons de leur application pratique.»[3]

L'amendement ciblé des dispositions constitutionnelles est le seul moyen de redonner vie à un régime politique sclérosé et en déclin, où le principe de continuité des pouvoirs publics est battu en brèche.

D'aucuns, remettant en cause ses fondements même, sont avides de l'enterrer et cherchent à raviver des projets de séparation, d'isolation, et d'exclusion. Engager une opération de restauration de l'édifice institutionnel afin de lui éviter l'effondrement serait ainsi crucial.

Force est de constater que la révision proposée touche à divers aspects du texte, clarifiant et renforçant certaines questions fondamentales reconnues et consacrées au niveau de la philosophie du système, ainsi que dans le cadre des droits et des libertés. Elle s'étend également, naturellement, aux Pouvoirs législatif, exécutif et judiciaire pour aborder certains aspects de leur composition, de leurs attributions et de leurs rapports mutuels.

---

[3] Préface du professeur Ghassan SALAMÉ au livre du ministre Ramzi GREIGE, *Nathron fil Hawa'* (نثّر في الهواء), éd. Sader, Beyrouth, 2024, p. 9.

## I. De la philosophie du régime politique, des droits et des libertés :

La réforme constitutionnelle de 1990 a introduit un préambule à la Constitution qui recèle la philosophie sur laquelle se fonde le régime politique au Liban et qui consacre les droits et garantit les libertés dont bénéficient les Libanais, tant individuellement que collectivement, et qui viennent s'ajouter à ceux déjà mentionnés dans les articles 7 à 13 de la Constitution. Il va sans dire que ce préambule constitue la pierre angulaire de l'identité constitutionnelle libanaise et qui doit demeurer intangible et imperméable à toute révision, altération ou déformation. Cependant, ce constat ne saurait occulter la nécessité d'apporter quelques clarifications afin de lever l'ambiguïté autour de certaines dispositions dont le contenu fut déformé par la pratique et d'essayer de renforcer certains droits et libertés. Cela rejaillit nécessairement tant sur le Pouvoir judiciaire que sur le Conseil constitutionnel, étant donné que le droit d'accès à une justice indépendante constitue la condition préalable et essentielle de la jouissance de tous les droits.

Ce faisant, il est suggéré de remplacer l'expression «abolir» le confessionnalisme politique figurant à l'alinéa «h» du préambule par le terme «dépasser» et cela en raison de l'échec manifeste à atteindre cet objectif national fondamental, renvoyé aux calendes grecques, du fait de l'inquiétude croissante alimentée par certaines pratiques de la vie politique. L'objectif de ces amendements qui touchent aux articles 22, 24, 27 et 95 de la Constitution est de lever l'épée de Damoclès que d'aucuns Libanais font planer sur d'autres, permettant ainsi à ce noble objectif de sortir des méandres des rivalités politiques et de s'inscrire dans un cadre d'action serein et sérieux. De cette manière, le confessionnalisme pourrait être progressivement éliminé des esprits avant d'être supprimé des textes et les craintes des Libanais se trouveraient dissipées. Le débat politique transcendant les clivages communautaires, la règle de la représentation proportionnelle demeurera un simple vestige à l'instar de la structure fédérale dans maints pays où la construction nationale a fini par la rendre obsolète.

De plus, la pratique a révélé l'abus que pouvait engendrer la formulation de l'alinéa «i» du préambule de la Constitution disposant qu'«aucune légitimité n'est reconnue à un quelconque pouvoir qui contredise le pacte de vie commune». Cette disposition a été interprétée de manière outrancière, ouvrant la voie à la soumission des Libanais noeulement aux dispositions de la Constitution et de ses articles, mais aussi à des supposées clauses obscures du Pacte national, dont la teneur demeure équivoque, et qui furent mobilisées pour paralyser le fonctionnement des institutions et imposer de manière arbitraire des compromis sur le mécanisme de prise de décisions. Il conviendrait à cet égard de réaffirmer le caractère exclusif de la Constitution en tant que norme de référence garante de la coexistence pacifique entre les Libanais.

De plus, la diversité de la société libanaise et sa longue histoire émaillée de crises, sans oublier la tendance des groupes qui la composent à établir des relations mutuelles avec l'étranger dans une quête à la fois de protection et d'hégémonie, rendent utile d'insister sur la nécessité de l'existence au Liban d'un Etat unitaire solide avec un pouvoir politique fort et légitime. Or, cette évidence ne saurait, en aucun cas, occulter le besoin de consacrer le principe d'une organisation administrative décentralisée dans le marbre du texte constitutionnel dans le but évident d'assurer le bon fonctionnement de l'activité administrative et de renforcer la pratique démocratique locale, sans que cela ne serve d'outil à des objectifs de suprématisme, d'isolationnisme ou de division.

Il est également nécessaire de s'adapter aux exigences contemporaines d'évolution des sociétés en insistant sur le principe d'égalité devant la loi entre les Libanais, hommes et femmes, ce qui permettra au législateur, si les circonstances l'exigent, de prévoir des mesures incitatives favorisant la représentation féminine dans diverses fonctions politiques au sein de l'Etat.

Par ailleurs, il n'y a aucun inconvénient à clarifier et à renforcer les concepts de liberté individuelle et de liberté d'expression, ainsi qu'à abaisser l'âge du droit de vote afin qu'il coïncide avec l'âge de la majorité civile. En outre, la reconnaissance évidente par l'Etat aux communautés religieuses de leurs prérogatives en matière de statut personnel et des intérêts religieux qui leur sont propres ne doit en aucun cas ostraciser la compétence du législateur, détenteur d'un pouvoir souverain, global et originel dans ce domaine, de réguler le statut personnel civil, à condition que cela ne soit pas en contradiction avec la liberté de croyance.

Enfin, il est naturel de clarifier certaines ambiguïtés concernant le mécanisme de révision de la Constitution à la lumière des exigences de création d'un Sénat qui jouerait un rôle déterminant au sein du Pouvoir constituant dérivé à qui cette compétence est dévolue.


## II.  Des Pouvoirs :

### A- Du Pouvoir législatif :

L'actuel projet de modification constitutionnelle vise à dégager le Sénat de son cadre institutionnel virtuel et à transformer l'article 22, qui est actuellement sous forme conditionnelle, en un dispositif fonctionnel prévoyant la mise en place effective de cette institution.

La Chambre haute serait composée de représentants des différentes communautés, conformément aux proportions qui seraient établies dans l'article 96. En outre, il serait préférable de prévoir une représentation adéquate des chefs des communautés religieuses par l'intermédiaire de personnes désignées par ces derniers. Le champ de compétence du Sénat serait fixé par l'article 30, de manière à ne pas entraver la procédure législative tout en rassurant les citoyens quant à leurs préoccupations identitaires.

Par contre, Il est simultanément proposé de dégager les sièges de la Chambre des députés des contraintes de la représentation communautaire proportionnelle tout en instaurant des garde-fous en matière de découpage des circonscriptions électorales et du mode de scrutin à adopter en vue de garantir une représentation équitable et efficace de la population, tout en libérant les électeurs comme les candidats de tout facteur susceptible de compromettre la sincérité de l'opération électorale.

Le Parlement désormais constitué de deux Chambres, se verrait également conféré des prérogatives élargies, notamment en matière législative et de contrôle politique avec surtout la proposition d'installer une session unique ordinaire pour les deux Chambres d'une durée de neuf mois par an, s'inscrivant ainsi dans le sillage de l'évolution contemporaine du travail parlementaire.

## B – Du Pouvoir exécutif :

La modification constitutionnelle proposée cherche à préciser le rôle que la loi fondamentale actuelle attribue au Président de la République en redéfinissant clairement ses fonctions tout en lui fournissant les prérogatives nécessaires pour les honorer, le poussant ainsi à délaisser l'habit contesté de co-gouvernant pour endosser celui recherché d'arbitre s'élevant au-dessus de la mêlée et des conflits partisans étroits. Ainsi, il lui sera accordé le pouvoir propre de dissoudre la Chambre des députés de même que le pouvoir de nommer un des membres du Conseil constitutionnel qui le présidera. A cela s'ajoute l'affirmation de son rôle dans les relations extérieures en conformité tant avec son statut de représentant suprême de l'Etat qu'avec les exigences conférant au Conseil des ministres le pouvoir exécutif. Il convient également de clarifier ses prérogatives en matière d'octroi de la nationalité et de la déclaration de guerre.

Concernant le Président du Conseil des ministres, il a aussi été suggéré de renforcer ses prérogatives en lui conférant, entre autres, le pouvoir réglementaire, en accord avec les principes généraux appliqués dans ce domaine, de sorte que ce pouvoir soit dévolu à un individu et non à un organe collégial, sans préjudice certes du rôle accordé en la matière à de tels organes, rendant cette compétence liée.

Il a également été pris soin de dynamiser l'action du Conseil des ministres et à rendre ses réunions fluides et régulières, en rendant le quorum et le processus de prise de décision plus flexibles afin de favoriser la solidarité ministérielle. De plus, il est essentiel de décharger le processus de révocation des ministres des contraintes qui nuisent à la cohérence de l'exécutif.

## C – Du Pouvoir judiciaire et autres Pouvoirs similaires :

Il serait primordial de promouvoir l'indépendance du Pouvoir judiciaire notamment en ce qui concerne les garanties relatives à la nomination et aux permutations des magistrats en veillant à restreindre, le plus possible, les prérogatives de mise en exécution de ces décisions par les institutions constitutionnelles compétentes. Il convient également d'éviter de favoriser la patrimonialisation de la magistrature, résultant d'un maintien indéfini de certains privilégiés à des postes judiciaires sensibles.

Par ailleurs, il est nécessaire de renforcer les prérogatives du Conseil constitutionnel en matière de contrôle de la constitutionnalité des lois, tout en préservant son indépendance à l'égard des autres Pouvoirs, notamment dans le cadre des modalités de nomination de ses membres.

Il est également essentiel de clarifier et de simplifier la procédure d'accusation et de renvoi devant la Haute-Cour des Présidents et des ministres, afin de promouvoir la responsabilité et de combattre l'impunité, et ce, par la définition claire de son champ de compétence et par la réduction du seuil de majorité requis pour l'accusation, rendant ainsi son intervention plus effective.

## III. Des rapports entre les Pouvoirs :

### A – Des rapports entre les deux pôles du Pouvoir exécutif :

Le texte de révision proposé vise à clarifier de manière limpide la relation entre le Président de la République et le Conseil des ministres, auquel la Constitution a conféré le pouvoir exécutif.

Force est de constater que la pratique a révélé des dérives dans le mécanisme d'adoption des décisions administratives et des projets de lois. En effet, la Constitution, tant avant la modification de 1990 qu'ultérieurement, ne s'inscrit point en porte à-faux des principes fondamentaux du régime républicain en vigueur. Comme déjà mentionné, le Liban est, selon l'alinéa « c » du préambule de la Constitution, une République démocratique parlementaire ; de ce fait, le Président de la République, conformément à l'article 56 de la Constitution, est celui qui promulgue les décrets et demande leur publication. Cette prérogative est intrinsèque au régime républicain, car un acte administratif ne peut être qualifié de décret s'il n'est pas signé et publié par le Président de la République. Certes, la compétence de chef de l'Etat en la matière est limitée puisqu'il a l'obligation de promulguer et de publier les décrets, mais cela suppose *a contrario* qu'un décret ne peut être promulgué sans la signature du Président de la République. Ce décret n'étant rien d'autre que la décision administrative en vigueur et susceptible d'être l'objet de recours.

L'attribution du pouvoir exécutif au Conseil des ministres n'implique en aucune manière l'abrogation du mécanisme de prise de décision administrative fixé par la Constitution avant sa modification en 1990. En effet, la nature des décisions du Conseil des ministres n'a pas changé après cette modification ; celles-ci sont des actes préparatoires qui ne deviennent exécutoires que par la promulgation des décrets. Bien que la décision du Conseil des ministres soit finale et définitive, ce qui lui manque pour être applicable est la promulgation d'un décret par le Président de la République, qui, en revanche, ne dispose pas d'un pouvoir discrétionnaire pour juger de l'opportunité de la promulgation ou de la demande de publication de ce décret.

En réalité, l'autorité du Président est strictement limitée à deux choix : renvoyer la décision prise par le Conseil des ministres pour réexamen s'il la juge contraire à la loi ou à l'intérêt public, ou bien l'approuver, la promulguer et demander sa publication. Dans les deux cas, le Président de la République dispose d'une compétence liée quant à la promulgation et à la publication, que ce soit en approuvant la décision ou en demandant au Conseil des ministres d'envisager un réexamen de ladite décision.

Toutefois, l'hypothèse que le chef de l'Etat outrepasse le délai constitutionnel qui lui est imparti sans agir dans un sens ou dans l'autre l'expose à l'accusation de violation de la Constitution et à des poursuites devant la Haute-Cour.

Ainsi, le pouvoir discrétionnaire dont disposait le Président de la République en vertu de la Constitution avant la révision de 1990 se trouve être désormais lié par le devoir de promulgation et de publication, ce qui signifie que la réforme constitutionnelle en vertu de l'accord de Taëf, a rendu les décisions du Conseil des ministres finales et contraignantes pour le Président de la République, bien qu'elles ne puissent devenir exécutoires à l'égard des tiers que si elles sont publiées par décret permettant ainsi de les contester une fois qu'elles ont acquis tous leurs effets juridiques, comme le prévoit l'article 57 de la Constitution. C'est le Président de la République qui confère à la décision sa nature juridique par sa promulgation par décret et sa demande de publication, afin d'éviter de voir sa responsabilité pénale engagée pour violation de la Constitution.

«Ces attributions (les attributions administratives du chef de l'Etat et des ministres du gouvernement) se traduisent notamment par l'édiction de décisions, dont les auteurs sont toujours des autorités individuelles : Le président de la République, le premier ministre, un ministre (ou plusieurs ministres agissants conjointement, et non collégialement). C'est dire notamment qu'il n'y a pas de décisions qui émaneraient, juridiquement, d'une autorité collégiale qui serait "le gouvernement" ou "le conseil des ministres".»[4]

---

[4]  René CHAPUS, *Droit administratif général*, Montchrestien, Paris, 15ème éd. 2001, T.1, p. 207, n° 260 .

Dans cet ordre d'idées, il est nécessaire d'harmoniser les dispositions constitutionnelles pertinentes avec les principes sus-indiqués en adoptant des termes et des formules adéquates qui clarifient la répartition des compétences dans le processus complexe d'adoption, de promulgation et de publication des décisions administratives.

Sur un autre plan, le dispositif juridique concernant l'élection du Président de la République, la désignation du Président du Conseil des ministres et la formation du gouvernement a été clairement redéfini. De nouveaux délais et procédures ont été introduits pour réduire les possibilités de blocage et d'abus lors des échéances de dévolution du pouvoir afin d'assurer sa continuité de manière optimale et d'éviter la prolongation des périodes exceptionnelles de vacance présidentielle ou d'expédition des affaires gouvernementales courantes, érigée depuis presque deux décennies en sport national, dépassant ainsi tout délai raisonnable.

## B- Des rapports entre les Pouvoirs législatif et exécutif :

### 1 — *En matière de procédure législative :*

Le projet d'amendement constitutionnel proposé vise à préciser la procédure d'initiative, de discussion et d'adoption des projets et propositions de lois et à la rationaliser de manière à garantir la qualité et la rigueur législatives. Les compétences du Pouvoir exécutif dans le processus législatif ont été clairement définies afin de les rendre efficaces et réguler le droit d'amendement des projets et propositions de lois.

De même, le projet proposé cherche à faire revivre la délégation législative en conformité avec les exigences de l'administration moderne des sociétés.

### 2 — *En matière d'équilibre des Pouvoirs :*

Afin de garantir et renforcer le principe de l'équilibre et de la collaboration entre les Pouvoirs, pilier de notre régime parlementaire, le projet de révision constitutionnelle a libéré le droit de dissolution de la Chambre des députés des conditions restrictives qui le paralysent actuellement, instaurant ainsi *de facto* un régime d'assemblée, et a rendu cette prérogative propre au Chef de l'Etat. Cette mesure permet au Président de la République, face à des crises institutionnelles, de recourir à l'arbitre suprême, détenteur de la souveraineté et la source des Pouvoirs, qui n'est autre que le peuple, pour trancher tout litige susceptible d'altérer le fonctionnement régulier des institutions.

En outre, le projet permet au gouvernement d'assumer ses responsabilités devant les Chambres lors de l'examen des projets de loi qu'il présente, tout en insistant sur le non-cumul entre le mandat parlementaire et les fonctions ministérielles. Cette démarche présente l'avantage de garantir l'exercice par les Assemblées d'un contrôle effectif du Gouvernement, responsable politiquement devant lesdites Chambres.

## C- De la nature des rapports du Pouvoir judiciaire avec les autres Pouvoirs :

La modification proposée à l'article 20 de la Constitution découle du fait que l'indépendance du Pouvoir judiciaire est atteinte et renforcée par l'immunisation du juge dans l'exercice de ses fonctions, principalement par la suppression de toute limite quelle qu'elle soit à son pouvoir de statuer et rendre ses jugements au nom du peuple libanais.

Donc, selon la Constitution, l'indépendance du Pouvoir judiciaire s'exprime par l'indépendance du juge dans sa fonction de trancher les conflits qu'on lui soumet en application de la loi.

Selon la Constitution aussi, cette indépendance n'est en rien altérée par les prérogatives accordées au Pouvoir exécutif en la matière se rapportant à la gestion du domaine judiciaire et concernant la vie professionnelle des juges, à savoir leur nomination, leur affectation, les mesures disciplinaires les affectant ... sachant que ces attributions sont contrôlées de près par les différents organes administratifs créés non seulement pour sauvegarder l'indépendance du Pouvoir judiciaire et son bon fonctionnement, mais aussi pour restreindre et encadrer les interventions du Pouvoir exécutif dans la vie professionnelle du juge.

*  *  *

# Proposition de projet de loi constitutionnelle portant modification de certaines dispositions de la Constitution

Article I : Les dispositions de la Constitution sont ainsi modifiées :

## TITRE I :

## DISPOSITIONS FONDAMENTALES

Les alinéas « g », « h », « j » du préambule sont ainsi modifiés :

a) Le Liban est une Patrie souveraine, libre et indépendante, Patrie définitive pour tous ses fils, unitaire dans son territoire, son peuple et ses institutions, à l'intérieur de ses frontières fixées dans cette Constitution et reconnues internationalement.

b) Le Liban est arabe dans son identité et son appartenance. Il est membre fondateur et actif de la Ligue des Etats Arabes et engagé par ses pactes ; de même qu'il est membre fondateur et actif de l'Organisation des Nations-Unies, engagé par ses pactes et par la Déclaration Universelle des Droits de l'Homme. L'Etat concrétise ces principes dans tous les champs et domaines sans exception.

c) Le Liban est une république démocratique, parlementaire, fondée sur le respect des libertés publiques et en premier lieu la liberté d'opinion et de conscience, sur la justice sociale et l'égalité dans les droits et obligations entre tous les citoyens sans distinction ni préférence.

d) Le peuple est la source des pouvoirs et le détenteur de la souveraineté qu'il exerce à travers les institutions constitutionnelles.

e) Le régime est fondé sur le principe de la séparation des pouvoirs, leur équilibre et leur coopération.

f) Le régime économique est libéral et garantit l'initiative individuelle et la propriété privé.

g) Le développement équilibré et adapté des régions, culturellement, socialement et économiquement constitue une assise fondamentale de l'unité de l'Etat et de la stabilité du régime.

h) Dépasser le confessionnalisme politique constitue un but national essentiel pour la réalisation duquel il est nécessaire d'œuvrer suivant un plan par étapes.

i) Le territoire libanais est un territoire indivisible pour tous les Libanais. Tout Libanais a le droit de résider sur n'importe quelle partie de celui-ci et d'en jouir sous la protection de la souveraineté de la loi. Il n'est point de discrimination entre la population fondée sur une quelconque allégeance, ni de division, ou de partition ou d'implantation.

j) La Constitution et ses dispositions constituent la seule et unique garantie de la coexistence entre les Libanais.

## CHAPITRE I : DE L'ETAT ET DU TERRITOIRE

### L'article 1 est ainsi modifié :

Le Liban est un Etat indépendant, unitaire et souverain. Ses frontières sont celles qui le limitent actuellement :

Au Nord : de l'embouchure du Nahr-el-Kébir, une ligne suivant le cours de ce fleuve jusqu'à son point de jonction avec son affluent, le Ouadé Khaled à hauteur de Jisr-el-Kamar.

A l'Est : la ligne de faîte séparant les vallées du Ouadé Khaled et de Nahr-el-Assi (Oronte) et passant par les villages de Meayssra, Harbana, Hait, Ebbech, Faissan, à hauteur des villages de Brina et

Matrabah, cette ligne suit la limite nord du caza de Baalbeck, en direction nord-est et en direction sud-est, puis les limites Est des cazas de Baalbeck, Békaa, Hasbaya et Rachaya.

Au Sud : les limites sud actuelles des cazas de Tyr, de Bint Jbeil et de Marjayoun selon l'accord Paulet-Newcombe signé le 7 mars 1923.

Et à l'Ouest : la Méditerranée

## L'article 3 est ainsi modifié :

L'organisation administrative au Liban repose sur la décentralisation afin de renforcer la pratique de la démocratie locale et le bon fonctionnement de l'activité administrative. Les limites des circonscriptions administratives ne peuvent être modifiées que par une loi.

## L'article 7 est ainsi modifié :

Tous les Libanais, hommes et femmes, sont égaux devant la loi. Ils jouissent également des droits civils et politiques et sont également assujettis aux charges et devoirs publics, sans distinction aucune.

## L'article 8 est ainsi modifié :

La liberté personnelle est garantie et protégée par la loi. Nul ne peut être arrêté, emprisonné, détenu, ou soumis à des restrictions de résidence, ou de liberté d'aller et de venir, ou être soumis à des mesures de sécurité ou d'enquête, que suivant les dispositions de la loi. Aucune infraction et aucune peine ne peuvent être établies que par la loi.

## L'article 9 est ainsi modifié :

La liberté de croyance est absolue. En rendant hommage au Très-Haut, l'Etat respecte toutes les confessions et en garantit et protège la liberté de conscience ainsi que le libre exercice des rituels religieux à condition qu'il ne soit pas porté atteinte à l'ordre public. L'Etat garantit également à tous les citoyens, quel que soit leur rite, le respect de leur statut personnel et de leurs intérêts religieux. Dans ce contexte, il peut également réglementer le statut personnel civil par des lois qui ne s'opposent pas à la liberté de croyance.

## L'article 10 est ainsi modifié :

L'enseignement est un droit pour le citoyen et s'instruire est un devoir pour lui. L'enseignement est obligatoire de manière égalitaire pour tous les citoyens jusqu'à la fin de l'éducation complémentaire. L'enseignement public est gratuit et il incombe à l'Etat de créer les écoles, les instituts, les universités et les établissements éducatifs nécessaires pour le garantir de manière adéquate. L'enseignement est libre dans le cadre de la promotion de l'unité nationale et du respect de l'ordre public et des bonnes mœurs. Il ne sera porté aucune atteinte au droit des communautés d'avoir leurs écoles, sous réserve des prescriptions générales sur l'instruction publique édictées par l'Etat.

## L'article 12 est ainsi modifié :

Tous les citoyens libanais, hommes et femmes, sont également admissibles à tous les emplois publics sans autre motif de préférence que leur mérite et leur compétence et suivant les conditions fixées par la loi conformément à un statut spécial qui régira les fonctionnaires de l'Etat suivant les administrations auxquelles ils appartiennent.

## L'article 13 est ainsi modifié :

La liberté d'exprimer sa pensée par la parole ou par la plume, la liberté de la presse, d'impression et de publication, la liberté de réunion et la liberté d'association, sont garanties dans les limites fixées par la loi.

# TITRE II : DES POUVOIRS

## CHAPITRE II : DISPOSITIONS GENERALES

### L'article 16 est ainsi modifié :

Le pouvoir législatif s'exerce par deux assemblées : le Sénat et la Chambre des députés, sous réserve des dispositions de l'article (30).

### L'article 18 est remplacé par les dispositions suivantes :

Le Président de la République, après l'approbation du Conseil des ministres, et les députés, ont le droit de proposer des lois. Aucune loi ne peut être promulguée si elle n'a été votée par la Chambre des députés, de même que par le Sénat dans le cas des matières prévues à l'article (30). Dans ce cas, les projets et les propositions de lois sont examinés et discutés successivement en premier lieu à la Chambre des députés puis au Sénat. Ils doivent être approuvés de manière identique par les deux Chambres.

Immédiatement, une commission mixte paritaire dont les membres sont désignés par le bureau de chaque Chambre est chargée de proposer un texte sur les dispositions restantes en discussion concernant un projet ou une proposition de loi qui n'a pas été accepté après deux lectures dans chaque Chambre en raison d'un désaccord entre les deux Chambres.

Si la commission mixte ne parvient pas à adopter un texte commun, ou si ce texte n'est pas approuvé par les deux Chambres, le projet ou la proposition de loi est définitivement rejeté.

Le Gouvernement peut, pour l'exécution de son programme, demander à la Chambre des députés et au Sénat, concernant les matières prévues à l'article (30), de lui déléguer pendant un délai limité le pouvoir de prendre des décrets-lois sur des matières qui sont normalement du domaine de la loi.

Les décrets-lois sont promulgués après l'approbation du Conseil des ministres et avis du Conseil d'Etat, ce dernier devant donner son avis dans un délai de trente jours à compter de la date de la demande de consultation.

Ils doivent être approuvés par la Chambre des députés ainsi que par le Sénat, dans le cas où l'une des matières mentionnées à l'article (30) y est traitée par l'intermédiaire d'un projet de loi de ratification qui doit être déposé devant le Parlement avant la date fixée par la loi d'habilitation, faute de quoi les décrets-lois concernés deviennent caducs.

## L'article 19 est modifié et complété par un alinéa ainsi rédigé :

Le Conseil constitutionnel est chargé de contrôler la constitutionnalité des lois et de statuer sur les conflits et pourvois d'invalidation relatifs aux élections présidentielles et parlementaires. Les décisions qu'il rend ont autorité de la chose jugée. Elles s'imposent à tous les pouvoirs publics et à toutes les autorités juridictionnelles et administratives, et sont publiées au Journal officiel.

Le droit de saisir le Conseil pour le contrôle de la constitutionnalité des lois, appartient au Président de la République, au Président du Sénat, au Président de la Chambre des députés, au Président du Conseil des ministres, à dix membres de la Chambre des députés, ainsi qu'aux chefs spirituels des communautés reconnues légalement en ce qui concerne exclusivement le statut personnel, la liberté de conscience, l'exercice des cultes religieux et la liberté de l'enseignement religieux.

Le Médiateur de la République et l'Ordre des Avocats au Liban ont également le droit de recours, exclusivement en ce qui concerne les droits et les libertés que la Constitution garantit.

Le Conseil constitutionnel exerce également un contrôle sur la constitutionnalité des lois qui l'établissent, régissent son fonction-nement interne, ainsi que du règlement intérieur de chaque Chambre, du Conseil des ministres, des lois régissant l'élection du Président de la République, des membres des deux Chambres, des lois organisant le pouvoir judiciaire, de la loi d'instruction criminelle devant la Haute-Cour, de la loi du budget général de l'Etat, de la loi sur la nationalité, de la loi régissant l'organisation administrative et la décentralisation administrative, ainsi que de la loi portant statut des fonctionnaires et ce, dès leur publication au Journal officiel.

Le Conseil constitutionnel est composé de neuf membres dont la durée du mandat est de six ans catégoriquement non renouvelables ni réductibles. Ils sont nommés comme suit :

- Un membre nommé par décret par le Président de la République, il préside le Conseil,

- Deux membres nommés par le Sénat, à la majorité absolue des membres lors de la première session, et à la majorité simple lors de la session suivante,

- Deux membres nommés par la Chambre des députés, à la majorité absolue des membres lors de la première session, et à la majorité simple lors de la session suivante,

- Deux membres nommés par le Conseil des ministres,

- Un membre nommé par le Conseil supérieur de la magistrature, parmi trois noms préalablement élus par un collège électoral composé de tous les juges judiciaires,

- Un membre nommé par le Conseil supérieur de la magistrature administrative, parmi trois noms préalablement élus par un collège électoral composé de tous les juges administratifs et financiers.

Les règles concernant l'organisation du Conseil, son fonctionnement, sa composition et sa saisine seront fixées par une loi.

## L'article 20 est modifié et complété par un alinéa ainsi rédigé :

Le pouvoir judiciaire fonctionnant dans les cadres d'un statut établi par la loi et assurant aux juges et aux justiciables les garanties indispensables, est exercé par les tribunaux des différents ordres et degrés. La loi fixe les limites et les conditions de l'inamovibilité des magistrats.

Les juges sont indépendants dans l'exercice de leurs magistratures, à condition qu'aucune fonction judiciaire ne soit attribuée à un juge en particulier, de sorte que des permutations générales et globales des postes de la magistrature judiciaire soient effectuées tous les quatre ans au maximum, à l'exception du premier Président de la Cour de cassation, du procureur général près la Cour de cassation, du Président et des membres de l'Inspection judiciaire et du procureur général financier.

Les permutations décidées par les organes judiciaires compétents sont dûment contraignantes et définitives pour toutes les autorités constitutionnelles, notamment celles chargées de leur donner la forme exécutoire, de sorte que le décret y relatif doit être promulgué dans un délai d'un mois à compter de la date de son approbation définitive par lesdits organes.

Les arrêts et jugements de tous les tribunaux sont rendus et exécutés au nom du Peuple libanais.

## L'article 21 est ainsi modifié :

Est électeur tout citoyen libanais, homme et femme, âgé de dix-huit (18) ans révolus, qui remplit les conditions prévues par la loi électorale.

## L'article 22 est remplacé par les dispositions suivantes :

Le Sénat est composé de cent douze membres élus ou nommés conformément aux règles suivantes :

1) De manière égale entre chrétiens et musulmans.

2) Proportionnellement entre les communautés de chacune des deux catégories.

3) Les électeurs de chaque communauté forment une circonscription électorale chargée d'élire les sénateurs qui lui sont attribués en vertu de l'article (96), selon la représentation proportionnelle, selon la règle des plus forts restes au sein de listes bloquées dans le cas où le nombre de sénateurs dans la circonscription électorale

dépasse un sénateur, et selon le scrutin majoritaire, à un seul tour, si la communauté se voit attribuer un seul siège.

Les chefs spirituels des communautés nommeront les sénateurs désignés pour chacune d'entre elles en vertu de l'article (96) exclusivement parmi des religieux, étant entendu que les chefs des communautés minoritaires se réunissent en collège électoral pour choisir le sénateur qui leur est assigné. Serait désigné le sénateur obtenant la majorité absolue des suffrages.

## L'article 23 abrogé est remplacé par les dispositions suivantes :

Pour être sénateur il faut être Libanais, âgé de quarante ans révolus. Le mandat du Sénat est de six ans. Les conditions d'éligibilité des membres élus et des membres nommés, ainsi que les modalités de leur élection et nomination seront réglées par la loi.

## L'article 24 est abrogé et remplacé par les dispositions suivantes :

La Chambre des députés est composée de membres élus en dehors des contraintes communautaires selon le scrutin majoritaire, en un seul tour avec un vote unique non transférable, de sorte qu'il appartient à l'électeur de la circonscription électorale d'élire un seul candidat.

Une circonscription électorale ne peut comprendre moins de cinq sièges et plus de huit sièges, à condition que le nombre de sièges parlementaires n'excède pas cent douze sièges (112).

La loi relative à l'élection des membres de la Chambre des députés détermine leur nombre, les conditions d'éligibilité et les modalités de leur élection. Un certain nombre de sièges parlementaires peut être attribué aux Libanais résidant à l'étranger.

## L'article 25 est ainsi modifié :

En cas de dissolution de la Chambre des députés, le décret de dissolution doit contenir la convocation des électeurs pour des élections nouvelles qui auront lieu conformément à l'article (24) et dans un délai ne dépassant pas trois mois de la date de publication du décret de dissolution.

# CHAPITRE III : DISPOSITIONS GENERALES

## L'article 26 est ainsi modifié :

Les Chambres et le pouvoir exécutif siègent à Beyrouth.

## L'article 27 est ainsi modifié :

Le membre du Sénat représente sa communauté au sein de la Nation. Aucun mandat impératif ne peut lui être donné par ses électeurs.

Quant au membre de la Chambre des députés, il représente toute la Nation. Aucun mandat impératif ne peut lui être donné par ses électeurs.

## L'article 28 est abrogé et remplacé par les dispositions suivantes :

A l'exception du Président et du Vice-président du Conseil des ministres, il n'est pas permis de cumuler le mandat de sénateur avec celui de député ou de membre du gouvernement. Par contre, les ministres peuvent être choisis parmi les parlementaires, des personnes extérieures au Parlement, ou une combinaison des deux. Il est considéré comme démissionnaire de son mandat parlementaire tout sénateur ou député nommé ministre, à moins qu'il n'ait présenté sa démission de son poste ministériel dans les 24 heures suivant la publication du décret de nomination.

## L'article 29 est ainsi modifié :

Les cas d'inaptitude à la qualité de sénateur ou de député sont déterminés par la loi.

L'article 30 est abrogé et remplacé par les dispositions suivantes :

Les attributions du Sénat en matière législative sont limitées aux questions nationales d'intérêt majeur : la loi relative à l'élection des membres du Sénat et de la Chambre des députés, la loi sur l'état d'urgence, la loi de défense nationale, les conventions et traités internationaux prévus à l'article (52), les lois relatives au statut personnel, la loi du budget général de l'Etat et les lois financières, la loi sur la nationalité et les lois sur l'organisation et la décentralisation administrative, les lois relatives à la liberté de croyance, à la liberté de pratiquer les rituels religieux, à la liberté d'enseignement religieux et aux libertés mentionnées à l'article (13). Quant à l'autorisation de la déclaration de guerre, elle se fait par une résolution.

L'article 31 est ainsi modifié :

Les sessions, tant ordinaire qu'extraordinaires, sont communes aux deux Chambres. Toute réunion des Chambres ou de l'une d'elles en dehors du temps légal de session est illicite et nulle de plein droit.

L'article 32 est abrogé et remplacé par les dispositions suivantes :

Les deux Chambres se réunissent en une seule session ordinaire, commençant le premier jour ouvrable d'octobre, et leurs réunions se poursuivent jusqu'à la fin juin.

L'article 33 est ainsi modifié :

L'ouverture et la clôture des sessions ordinaires ont lieu de plein droit aux dates fixées par l'article (32). Le Président de la République, sur proposition du Président du Conseil des ministres, peut convoquer les deux Chambres à des sessions extraordinaires par décret fixant sa date d'ouverture, sa date de clôture et son ordre du jour de manière exclusive. Le Président de la République est tenu de convoquer les Chambres à des sessions extraordinaires si la majorité absolue des membres de chacune des deux Chambres le demande.

## L'article 34 est ainsi modifié :

Aucune des deux Chambres ne peut valablement se constituer que par la présence de la majorité des membres qui la composent légalement. Les résolutions sont prises à la majorité des voix. En cas de partage égal des voix, la question mise en délibération est rejetée.

## L'article 35 est ainsi modifié :

Les discussions des Chambres sont publiques. Toutefois, chaque Chambre peut se former en comité secret sur la demande du Gouvernement ou du dixième de ses membres. Elle décide ensuite si la discussion doit être reprise en public sur le même sujet.

## L'article 36 est ainsi modifié :

Les votes sont émis à haute voix ou par assis et levé sauf quand il s'agit d'élection, auquel cas, le scrutin est secret. Sur l'ensemble des lois et sur la question de confiance, on vote toujours soit par appel nominal et à voix haute, soit par vote électronique, à condition que le procès-verbal de la séance comporte le résultat détaillé du vote de chaque membre dans l'une ou l'autre Chambre.

Le vote des projets ou des propositions de loi a lieu article par article, à condition que la question dans son ensemble soit mise aux voix après le vote des articles. Le vote bloqué sur les projets ou les propositions de loi est possible si l'une ou l'autre Chambre décide de le faire à la majorité. Les amendements aux articles des projets et propositions de loi ne peuvent être présentés en cours de discussion par le Gouvernement ou les membres du Parlement que par écrit.

## L'article 37 est ainsi modifié :

Le droit pour tout député de mettre en cause la responsabilité des ministres est absolu durant les sessions ordinaire et extraordinaires. Il ne pourra être délibéré et voté sur une proposition de cette nature que cinq jours au moins après le dépôt qui en aura été fait sur le bureau de la Chambre des députés et sa communication au ministre ou aux ministres visés.

Le dixième des membres du Sénat a le droit de déposer une motion de censure selon les conditions prévues au paragraphe précédent.

De même, le Président du Conseil, sur décision du Conseil des ministres, peut soumettre une question de confiance à la Chambre des députés ou engager la responsabilité du Gouvernement sur l'adoption d'un projet de loi proposé par le Gouvernement, le rejet de ce projet étant considéré comme un vote de défiance envers le Gouvernement. Il n'est cependant pas permis d'engager la responsabilité du Gouvernement devant la Chambre des députés ou le Sénat sur un projet de loi traitant l'un des sujets énumérés à l'article 30, à l'exception des lois financières.

## L'article 38 est ainsi modifié :

Tout projet ou proposition de loi qui aura été rejeté par le Parlement ne peut être représenté pour examen dans la même session. Le Gouvernement a le droit de retirer à tout moment les projets de lois avant leur vote final par décret pris après l'approbation du Conseil des ministres.

## L'article 39 est ainsi modifié :

Aucun membre de l'une ou de l'autre Chambre ne peut être poursuivi ou recherché à l'occasion des opinions ou votes émis par lui pendant la durée de son mandat.

## L'article 40 est ainsi modifié :

Aucun membre de l'une ou de l'autre Chambre ne peut, pendant la durée de la session, être soumis à une mesure privative de liberté pour infraction à la loi pénale, de sorte qu'il ne peut être arrêté, emprisonné, détenu, restreint dans sa liberté de déplacement, ou soumis à des mesures de sécurité, sans l'autorisation de la majorité relative des membres de la Chambre auquel il appartient, sauf en cas de flagrant délit.

L'article 41 est modifié et complété par un alinéa
ainsi rédigé :

En cas de vacance d'un siège de l'une ou de l'autre Chambre, il sera pourvu à la vacance par élection ou par nomination, selon le cas, dans un délai de deux mois. Il ne sera pas pourvu à la vacance si la Chambre où elle s'est produite est à moins de six mois de l'expiration de ses pouvoirs.

Cependant, il est indiqué que chacune des lois régissant l'élection et la nomination des membres du Sénat et de la Chambre des députés doit prévoir un système de sénateurs ou de députés suppléants à ceux en titre, de sorte que les dispositions du premier paragraphe soient alors de plein droit abrogées. Dans de tels cas, le sénateur ou le député suppléant remplacerait le sénateur ou le député en titre lorsque son siège deviendrait vacant pour quelque raison que ce soit, notamment si le sénateur ou le député en titre cesse d'être membre du Parlement pour occuper un poste ministériel conformément aux dispositions de l'article (28) de la Constitution. Le sénateur ou le député suppléant prendrait alors la place du sénateur ou du député en titre pour la durée restante de son mandat.

L'article 42 est ainsi modifié :

Les élections générales pour le renouvellement des Assemblées et la nomination des sénateurs non élus, ont lieu dans les soixante jours qui précèdent l'expiration de leur mandat.

L'article 43 est ainsi modifié :

Chaque Chambre fait son règlement intérieur par une résolution soumise nécessairement au contrôle du Conseil constitutionnel.

L'article 44 est modifié et complété par un alinéa
ainsi rédigé :

A chaque renouvellement de l'une des deux Chambres, celle-ci se réunit sous la présidence du doyen d'âge de ses membres et les deux plus jeunes membres font fonction de secrétaires. Elle procède à l'élection du Président et du Vice-président séparément pour la durée du mandat de chacune des deux Chambres, au scrutin secret et à la majorité absolue des suffrages exprimés. Au troisième tour de scrutin, les résultats sont acquis à la majorité relative, et en cas d'égalité des suffrages, le plus âgé est réputé élu.

A chaque renouvellement de l'une des deux Chambres, ainsi qu'à l'ouverture de la session ordinaire en octobre de chaque année, la Chambre procède à l'élection de deux secrétaires et de trois questeurs, au scrutin secret et à bulletins séparés pour les deux catégories, et à la majorité mentionnée au premier paragraphe de cet article.

Chacune des deux Chambres peut, une fois seulement, deux ans après l'élection de son Président et de son Vice-président et lors de la première séance qu'elle tient, révoquer son Président ou son Vice-président à la majorité absolue de ses membres sur pétition signée par au moins dix sénateurs ou députés et adressée au bureau de la Chambre.

En cas de révocation, la Chambre doit se réunir immédiatement en session pour pourvoir au poste vacant.

Il n'est pas permis d'élire le même sénateur ou député à la présidence de l'une des deux Chambres pour plus de deux mandats consécutifs, et il ne peut être réélu qu'après expiration d'au moins un mandat, d'une durée minimale de quatre ans pour la Chambre des députés.

## L'article 45 est ainsi modifié :

Les membres des deux Chambres ne votent que s'ils sont présents à la séance ; le vote par procuration n'est pas admis.

## L'article 46 est ainsi modifié :

Chacune des deux Chambres a seule le droit de maintenir l'ordre dans son sein par l'intermédiaire de son Président.

## L'article 47 est ainsi modifié :

Les pétitions ne peuvent être soumises à aucune des deux Chambres que de manière écrite. Il est interdit d'apporter des pétitions en personne ou à la barre.

L'article 48 est ainsi modifié :

L'indemnité des membres des deux Chambres est déterminée par une loi.

# CHAPITRE IV : DU POUVOIR EXECUTIF

## Premièrement : Le Président de la République

L'article 49 est ainsi modifié :

Le Président de la République est le Chef de l'Etat et le symbole de l'unité de la Patrie. Il veille au respect de la Constitution, à la sauvegarde de l'indépendance du Liban, de son unité et de l'intégrité de son territoire, et garantit le fonctionnement régulier des pouvoirs publics conformément aux dispositions de la Constitution. Il préside le Conseil supérieur de Défense. Il est le commandant en chef des forces armées.

Le Président de la République est élu, au premier tour, au scrutin secret à la majorité des deux tiers des suffrages de l'ensemble des membres du Sénat et de la Chambre des députés réunis en Congrès, sinon à la majorité des trois cinquièmes (3/5) de l'ensemble des membres du Congrès lors des deux tours suivants, qui doivent se tenir dans un délai de dix jours à compter de la date du premier tour.

Dans le cas où le troisième tour se tient sans parvenir à l'élection d'un Président de la République, ou dans le cas où le Congrès ne peut se réunir en premier, deuxième ou troisième tour à défaut de quorum, la Chambre des députés sera considérée comme dissoute d'office, et un décret à cet effet doit être promulgué sans délai convoquant les collèges électoraux à élire, sans délai, une nouvelle Chambre des députés.

Le Congrès se réunit immédiatement après l'achèvement des opérations électorales et élit, lors du premier tour, un Président de la République à la majorité des trois cinquièmes (3/5) de l'ensemble de ses membres. La majorité absolue de l'ensemble de ses membres suffit pour le prochain tour de vote, qui doit avoir lieu dans un délai de dix jours à compter du premier tour.

La durée de la magistrature du Président est de six ans. Il ne pourra être réélu qu'après un intervalle de six années.

Les candidatures à la présidence de la République sont ouvertes quatre mois avant la fin du mandat présidentiel et clôturées deux mois avant sa fin. Toute personne candidate à l'élection présidentielle doit présenter une déclaration au Président du Sénat selon une procédure dont les détails sont déterminés par la loi.

Nul n'est éligible à la présidence de la République s'il ne remplit les conditions requises pour être éligible à la Chambre des députés et qui ne font pas obstacle à son aptitude d'être candidat.

## L'article 51 est ainsi modifié :

Le Président de la République promulgue les lois dans les délais fixés par la Constitution lorsqu'elles ont été votées par la Chambre des députés ou par les deux Chambres conformément aux dispositions de l'article (30) et en demande la publication. Il ne peut les modifier ni dispenser de leur exécution.

## L'article 52 est ainsi modifié :

Le Président de la République est chargé de négocier les traités tout en informant le Président du Conseil des ministres de leur déroulement. Il les ratifie par décret après l'approbation du Conseil des ministres. Le Gouvernement en informe les deux Chambres aussitôt que l'intérêt du pays et la sûreté de l'Etat le permettent.

Les traités qui engagent les finances de l'Etat, les traités de commerce et tous les traités qui ne peuvent être dénoncés à l'expiration de chaque année ne peuvent être ratifiés qu'après avoir été votés par les deux Chambres.

Le Président de la République est tenu informé de toutes les négociations visant à approuver tout accord international qui n'est pas soumis à ratification.

## L'article 53 est modifié et complété par un alinéa ainsi rédigé :

1) Le Président de la République préside le Conseil des ministres lorsqu'il le désire sans prendre part au vote.

2) Le Président de la République, sur la base de consultations parlementaires impératives auxquelles participent les membres de la Chambre des députés, nomme le Président du Conseil des ministres désigné dans un délai d'un mois à compter de la date à laquelle le Gouvernement est considéré comme démissionnaire ou de la date à laquelle le Président du Conseil désigné se retire de la formation du Gouvernement.

3) Il promulgue seul le décret de nomination du Président du Conseil des ministres.

4) Il promulgue, sur proposition du Président du Conseil des ministres, le décret de formation du Gouvernement, ceux portant acceptation de la démission des ministres ou leur révocation, et de modification de leurs portefeuilles ministériels.

5) Il promulgue seul les décrets portant acceptation de la démission du Gouvernement ou le considérant comme démissionnaire, et de la dissolution de la Chambre des députés.

6) Il promulgue par décrets les projets de loi approuvés par le Conseil des ministres et les renvoie au Parlement.

7) Il accrédite les ambassadeurs et accepte leur accréditation.

8) Il promulgue par décrets la nomination, la révocation et l'acceptation de la démission des fonctionnaires de l'Etat conformément à la loi. Les décrets concernant les fonctionnaires de première catégorie et équivalents, ainsi que ceux définis par la loi, sont promulgués après l'approbation du Conseil des ministres.

9) Il accorde par décret la nationalité conformément à la loi.

10) Il déclare la guerre par décret après l'approbation du Parlement et du Conseil des ministres.

11) Il préside les solennités officielles et décerne par décret les décorations de l'Etat.

12) Il accorde la grâce par décret. L'amnistie ne peut être accordée que par une loi.

13) Il adresse, en cas de nécessité, des messages au Parlement réuni en session plénière, soit directement, soit par l'intermédiaire du Président du Sénat. Dans ce cas, et même en dehors des sessions ordinaires, le Parlement se réunit uniquement dans ce but, et la discussion du contenu du message doit se faire sans la présence du Président de la République.

14) Il soumet n'importe quelle affaire urgente au Conseil des ministres, hors de l'ordre du jour.

15) Il convoque en accord avec le Chef du gouvernement, le Conseil des ministres à titre exceptionnel chaque fois que cela lui parait nécessaire. Il peut également convoquer le Conseil des ministres en cas d'empêchement du Chef du gouvernement pour des raisons indépendantes de sa volonté, ou s'il omet de le convoquer pour une période de plus de trente jours.

## L'article 54 est ainsi modifié :

Les actes du Président de la République doivent être contresignés par le Chef du gouvernement et par le ou les ministres intéressés à l'exception du décret portant nomination du Chef du gouvernement et celui acceptant la démission du Gouvernement ou considérant ce dernier comme démissionnaire, et du décret de dissolution de la Chambre des députés. Quant au décret portant promulgation des lois, il est contresigné uniquement par le Chef du gouvernement.

## L'article 55 est ainsi modifié :

Le Président de la République peut, après consultation du Président du Sénat, du Président de la Chambre des députés et du Chef du gouvernement, par décret motivé, dissoudre la Chambre des députés avant l'expiration légale de son mandat. Dans ce cas, les collèges électoraux se réunissent conformément à l'article (25) de la Constitution et la nouvelle Chambre est convoquée dans les quinze jours qui suivent la proclamation des résultats des élections. Il ne peut être procédé à une nouvelle dissolution dans l'année qui suit ces élections.

Le bureau de la Chambre continue à expédier les affaires courantes jusqu'à l'élection de la nouvelle Chambre.

Au cas où les élections n'ont pas lieu dans le délai fixé à l'article (25) de la Constitution, le décret de dissolution est considéré comme nul et non avenu et la Chambre des députés continue à exercer ses pouvoirs conformément aux dispositions de la Constitution.

## L'article 56 est ainsi modifié :

Le Président de la République promulgue les lois dans le mois qui suit la transmission au Gouvernement de la loi définitivement adoptée et en demande la publication. Quant aux lois dont la promulgation aura été déclarée urgente par un vote de la Chambre des députés ou des deux Chambres dans les matières prévues à l'article (30), il doit les promulguer dans un délai de cinq jours et en demander la publication.

Il promulgue les décrets pris en Conseil des ministres et demande leur publication. Il peut demander au Conseil des ministres le réexamen de toute décision que prend ce dernier, dans un délai de quinze jours suivant sa transmission à la Présidence de la République.

Si le Conseil des ministres persiste à la majorité des deux tiers de ses membres fixés par le décret de sa formation, ou si le délai est expiré sans que le décret ne soit promulgué ou renvoyé, le Président de la République doit nécessairement le promulguer et demander sa publication sous peine de considérer son refus comme constituant une violation de la Constitution. Le Président du Conseil des ministres et les ministres concernés sont tenus de signer sans délai le décret en application du principe de solidarité ministérielle.

## L'article 57 est ainsi modifié :

Dans le délai fixé pour la promulgation, le Président de la République peut, par décret, après avoir informé le Conseil des ministres, demander une seule fois une nouvelle délibération qui ne peut lui être refusée.

Quand le Président use de ce droit, il n'est tenu de promulguer une loi que si cette loi a été votée à la Chambre des députés et au Sénat, dans les matières prévues à l'article (30), après la seconde délibération, par la majorité absolue des membres de l'une et de l'autre Assemblée.

Au cas où le délai est expiré sans que la loi ne soit promulguée ou renvoyée par le Président de la République, elle est considérée exécutoire de plein droit et le Président du Sénat, agissant au nom du Président de la République, est chargé de la promulguer et de demander sa publication dans un délai de cinq jours.

## L'article 58 est modifié et complété par un alinéa ainsi rédigé :

Le Président de la République peut, par décret pris sur l'avis conforme du Conseil des ministres, rendre exécutoire tout projet de loi qui aura été déclaré urgent par le Gouvernement dans le décret de transmission pris sur l'avis conforme du Conseil des ministres et sur lequel la Chambre des députés n'aura pas statué dans le délai de quarante jours qui suivent son inscription à la première séance plénière.

La période intermédiaire entre deux sessions n'est pas prise en compte dans le calcul du délai de quarante jours. Les dispositions de cet article ne s'appliquent pas aux projets de loi portant sur l'une des matières énumérées à l'article (30), à la seule exception des lois financières.

## L'article 59 est ainsi modifié :

Le Président de la République peut, par décret motivé, ajourner les Chambres pour une durée n'excédant pas un mois. Il ne peut le faire deux fois dans la même session.

## L'article 60 est ainsi modifié :

Le Président de la République n'est responsable des actes de sa fonction que dans le cas de violation de la Constitution ou de haute trahison. Sa responsabilité pour les délits de droit commun est soumise aux lois ordinaires. Pour ces délits, comme pour la violation de la Constitution et pour la haute trahison, il ne peut être mis en accusation que par la Chambre des députés, décidant à la majorité des deux tiers des membres de l'Assemblée entière ; il est jugé par la Haute-Cour prévue à l'article (80). La fonction de procureur général près la Haute-Cour est confiée au procureur général près la Cour de cassation.

L'article 62 est ainsi modifié :

En cas de vacance de la présidence de la République pour quelque raison que ce soit, l'ensemble des prérogatives du Président de la République sont dévolues provisoirement et à titre de suppléant au Conseil des ministres, à l'exception de l'envoi des messages à la Chambre des députés.

Sous réserve de l'article (49), la dissolution de la Chambre des députés ne peut être prononcée pendant la période de vacance de la présidence de la République.

## Deuxièmement : Le Président du Conseil des ministres

## L'article 64 est modifié et complété par un alinéa ainsi rédigé :

Le Président du Conseil des ministres est le Chef du gouvernement. Il le représente et s'exprime en son nom. Il est considéré comme responsable de l'exécution de la politique générale tracée par le Conseil des ministres. Il exerce les prérogatives suivantes :

1) Il préside le Conseil des ministres, et est de droit Vice-président du Conseil supérieur de Défense.

2) Il procède aux consultations parlementaires en vue de former le Gouvernement dans un délai d'un mois à compter de la date de sa désignation officielle par écrit, et contresigne avec le Président de la République le décret de formation du Gouvernement.

Le Chef du gouvernement désigné peut demander au Président de la République une prolongation d'un mois du délai de formation du Conseil des ministres, et sa demande ne peut être rejetée.

Le Chef du gouvernement est considéré comme ayant renoncé de plein droit à sa tâche à l'expiration du délai initial ou du délai prorogé sans publication du décret de formation du Gouvernement. Les consultations parlementaires contraignantes sont alors relancées pour désigner un nouveau Chef du gouvernement.

Dans le délai de trente jours suivant la parution de ce décret, le Gouvernement doit présenter à la Chambre des députés sa déclaration ministérielle en vue d'obtenir la confiance.

Le Gouvernement ne peut exercer ses prérogatives avant l'obtention de la confiance ni après sa démission ni après avoir été considéré comme démissionnaire, que dans le cadre de l'expédition des affaires courantes.

3)  Il expose la politique générale du Gouvernement devant la Chambre des députés.

4)  Il contresigne avec le Président de la République tous les décrets à l'exception de celui le nommant Chef du gouvernement, du décret acceptant la démission du Gouvernement ou le considérant comme démissionnaire, ainsi que du décret de dissolution de la Chambre des députés.

5)  Il contresigne avec le Président de la République le décret de convocation à l'ouverture d'une session extraordinaire, le décret ajournant les Chambres, les décrets promulguant les lois ou les renvoyant pour seconde lecture.

6)  Il invite le Conseil des ministres à se réunir et établit son ordre du jour. Il informe préalablement le Président de la République des sujets y figurant ainsi que des sujets urgents qui seront discutés.

7)  Il suit les activités des administrations et des établissements publics, assure la coordination entre les ministres et donne des directives générales pour garantir le bon fonctionnement du travail.

8)  Il tient des réunions de travail avec les parties concernées de l'Etat en présence du ministre intéressé.

9) Sous réserve des dispositions de l'article (51), il assure l'exécution des lois et exerce le pouvoir réglementaire par voie de décrets qu'il promulgue et sur lesquels il appose sa signature avec le ou les ministres intéressés.

# Troisièmement : Le Conseil des ministres

## L'article 65 est ainsi modifié :

Le pouvoir exécutif est confié au Conseil des ministres. Il est l'autorité à laquelle sont soumises les forces armées. Il exerce, notamment, les prérogatives suivantes :

1)  Il établit la politique générale de l'Etat dans tous les domaines et prend les décisions nécessaires pour leur mise en application. Il élabore les projets de loi.

2)  Il supervise les activités de tous les organismes de l'Etat sans exception : administrations et établissements civils, militaires et sécuritaires.

3)  Il approuve la nomination des fonctionnaires de l'Etat, leur licenciement et l'acceptation de leur démission conformément à la loi.

4) Le Conseil des ministres se réunit périodiquement et le Président de la République préside ses séances lorsqu'il le souhaite sans participer au vote. Le quorum légal pour ses réunions est de la majorité des membres du Gouvernement tel que le nombre en a été fixé dans le décret de formation, et il prend ses décisions par consensus, ou si cela s'avère impossible, par vote, et ses décisions sont prises à la majorité des présents.

## L'article 66 est ainsi modifié :

Nul ne peut être ministre s'il n'est Libanais, et s'il ne remplit les conditions requises pour être éligible à la Chambre des députés.

Les ministres ont la direction supérieure de tous les services de l'Etat qui relèvent de leurs départements respectifs. Ils assurent, chacun en ce qui le concerne, l'application des lois et des règlements. Les ministres sont solidairement responsables devant les deux Chambres de la politique générale du Gouvernement et individuellement de leurs actes personnels.

## L'article 67 est ainsi modifié :

Les ministres ont le libre accès des deux Chambres et doivent être entendus quand ils le demandent. Ils peuvent se faire assister par un ou plusieurs fonctionnaires de leur département.

## L'article 68 est ainsi modifié :

Lorsque, conformément à l'article (37), l'une des Chambres, déclare n'avoir plus confiance dans un ministre, ce ministre est tenu de se démettre.

## L'article 69 est ainsi modifié :

1) Le Gouvernement est considéré comme démissionnaire dans les cas suivants :

a) Si le Président du Conseil démissionne.

b) S'il perd plus que le tiers du nombre de ses membres tel qu'il a été fixé dans le décret de formation.

c) En cas de décès du Président du Conseil.

d) Au début du mandat du Président de la République.

e) Au début du mandat de la Chambre des députés.

f) Lorsque l'une des deux Chambres lui retire sa confiance de sa propre initiative ou suite à une question de confiance.

2) La révocation d'un ministre ou la modification de son portefeuille ministériel intervient par décret pris par le Président de la République sur proposition du Chef du gouvernement.

3) Lorsque le Gouvernement présente sa démission ou est considéré comme démissionnaire, le Parlement devient de plein droit en session extraordinaire jusqu'à la formation d'un nouveau gouvernement et l'obtention de la confiance à la Chambre des députés.

L'article 70 est ainsi modifié :

La Chambre des députés a le droit de mettre le Président du Conseil des ministres et les ministres en accusation pour haute trahison ou pour manquement grave aux devoirs de leur charge et qui sont directement liés à l'exercice de leurs fonctions ministérielles, à l'exclusion des actes criminels commis par le ministre dans l'exercice de ses fonctions ou ceux de nature criminelle flagrante qui constituent un détournement de pouvoir en substituant l'intérêt privé à l'intérêt général. La mise en accusation ne peut être décidée qu'à la majorité absolue de l'ensemble des membres de la Chambre des députés. Une loi spéciale déterminera la responsabilité civile du Président du Conseil des ministres et des ministres.

# TITRE III

## A. ELECTION DU PRESIDENT DE LA REPUBLIQUE

L'article 73 est ainsi modifié :

Un mois au moins et deux mois au plus avant l'expiration des pouvoirs du Président de la République, les Chambres devront être réunies en Congrès sur la convocation de Président du Sénat pour l'élection du nouveau Président. A défaut de convocation, cette réunion aura lieu de plein droit le quinzième jour avant le terme de la magistrature présidentielle.

L'article 74 est ainsi modifié :

En cas de vacance de la présidence par décès, démission ou pour toute autre cause, les deux Assemblées se réunissent en Congrès immédiatement et de plein droit, pour élire un nouveau Président. Si au moment où se produit la vacance la Chambre des députés se trouve dissoute, les collèges électoraux sont convoqués sans retard, et aussitôt, les élections faites, les Chambres se réunissent de plein droit.

L'article 75 est ainsi modifié :

Le Congrès réuni pour élire le Président de la République constitue un collège électoral et non une assemblée délibérante. Il doit procéder uniquement, sans délai ni débat, à l'élection du Chef de l'Etat.

## B. REVISION DE LA CONSTITUTION

L'article 76 est ainsi modifié :

La Constitution peut être révisée sur l'initiative du Président de la République. Dans ce cas, le Gouvernement saisira les Chambres réunies en Congrès d'un projet de loi constitutionnelle.

L'article 77 est ainsi modifié :

La Constitution peut également être révisée sur l'initiative des députés. Cette révision a lieu de la façon suivante :

La Chambre des députés peut, au cours d'une session ordinaire et sur la proposition de dix de ses membres au moins, émettre, à la majorité des deux tiers des membres qui la composent légalement, une proposition de révision de la Constitution.

Les articles et les questions visés par la proposition doivent être clairement précisés et énumérés.

Le Président de la Chambre des députés transmet la proposition au Gouvernement en lui demandant d'établir un projet de loi constitutionnelle.

Si le Gouvernement approuve la proposition de la Chambre des députés, il doit préparer le projet de révision et en saisir les Chambres dans un délai de quatre mois ; si le Gouvernement n'est pas d'accord avec la Chambre des députés, il lui renvoie la résolution afin qu'elle en délibère à nouveau.

Si la Chambre des députés maintient sa proposition à la majorité des trois quarts des membres la composant légalement, le Gouvernement doit acquiescer et présenter le projet de révision dans un délai de deux mois.

## C. FONCTIONNEMENT DU CONGRES

### L'article 78 est ainsi modifié :

Le Président du Sénat préside le Congrès, et le bureau du Sénat fait office de bureau du Congrès.

Le Congrès saisi d'un projet de loi constitutionnelle, ne doit, jusqu'au vote définitif, s'occuper que de la révision. Il ne peut délibérer et voter que sur les articles et questions limitativement énumérés et précisés au projet qui lui a été transmis.

### L'article 79 est ainsi modifié :

Le Congrès saisi d'un projet de loi constitutionnelle ne peut valablement délibérer et procéder au vote à son sujet que lorsque la majorité des deux tiers des membres de chaque Chambre se trouve réunie et le vote doit intervenir à la même majorité.

Le Président de la République est tenu de promulguer la loi constitutionnelle dans les mêmes conditions et formes de promulgation et de publication des lois ordinaires. Il peut dans le délai fixé pour la promulgation demander au deux Chambres réunies en Congrès après en avoir informé le Conseil des ministres, une nouvelle délibération au sujet du projet et le vote doit intervenir également à la majorité des deux tiers.

# TITRE IV : DISPOSITIONS DIVERSES

## A. HAUTE-COUR

### L'article 80 est ainsi modifié :

La Haute-Cour, dont la mission est de juger les Présidents et les ministres, se compose de sept sénateurs élus par le Sénat et de huit des plus hauts magistrats judiciaires, administratifs et financiers, pris par ordre hiérarchique ou, à rang égal, par ordre d'ancienneté. Ils se réunissent sous la présidence du magistrat le plus élevé en grade. Les arrêts de condamnation de la Haute-Cour sont rendus à la majorité de dix voix. Une loi spéciale déterminera la procédure à suivre devant cette Cour et prévoira le statut des membres suppléants aux membres titulaires.

## B. FINANCES

### L'article 83 est ainsi modifié :

Chaque année, au début de la session législative, le Gouvernement soumet au Parlement, pour examen et approbation, le budget général des recettes et des dépenses de l'Etat pour l'année suivante. Le budget est voté article par article.

### L'article 84 est ainsi modifié :

Les deux Chambres ne peuvent, au cours de la discussion du budget et des projets de loi portant ouverture de crédits supplémentaires ou extraordinaires, relever les crédits proposés dans le projet de budget ou dans les projets sus-indiqués, ni par voie d'amendement, ni par voie de propositions indépendantes. Mais, une fois cette discussion terminée, les deux Chambres peuvent voter des lois comportant des dépenses nouvelles à condition que leurs recettes soient assurées.

### L'article 85 est ainsi modifié :

Aucun crédit extraordinaire ne peut être ouvert que par une loi spéciale. Néanmoins, lorsque des circonstances imprévues rendent nécessaires des dépenses urgentes, le Président de la République peut, par décret pris sur avis conforme du Conseil des ministres, ouvrir des crédits extraordinaires ou supplémentaires, ou opérer tous virements de crédits. Ces crédits ne peuvent dépasser un montant maximum fixé dans le budget. Les mesures ainsi édictées sont soumises à la ratification des Chambres à la première session qui suit qu'elle soit ordinaire ou extraordinaire.

### L'article 86 est ainsi modifié :

Si les Chambres ne statuent pas définitivement sur le projet de budget avant la fin du mois de décembre, le Conseil des ministres pourra prendre une décision sur la base de laquelle le Président de la République promulgue un décret, rendant le projet de budget exécutoire et applicable, dans la forme où il a été présenté aux Chambres. Le Conseil des ministres ne pourra exercer ce droit que si le projet de budget a été présenté à la Chambre des députés quinze jours au moins avant le début de sa session. Toutefois, si le budget n'est pas adopté à la fin de l'année au plus tard, les impôts, contributions, taxes, droits, et autres recettes continueront d'être perçus comme précédemment. Les dépenses sont engagées mensuellement sur la base du douzième provisoire de l'exercice précédent, majorées des crédits additionnels et supplémentaires permanents et diminuées des crédits permanents retirés jusqu'à la promulgation du nouveau budget.

## L'article 87 est ainsi modifié :

Le compte définitif de l'administration des finances pour l'exercice clos doit être soumis aux Chambres et approuvé avant la promulgation du budget du deuxième exercice après celui auquel le compte se réfère. Il doit être présenté au préalable par le Gouvernement à la Cour des comptes.

# TITRE VI : DISPOSITIONS FINALES ET TRANSITOIRES

## L'article 95 est ainsi modifié :

Le Sénat doit étudier les moyens de dépasser le confessionnalisme, préparer un plan approprié pour sa mise en œuvre, et soumettre ses propositions au Président de la République afin qu'il leur soit donné le cours constitutionnel et légal approprié, à condition que :

a- Les communautés soient équitablement représentées dans la formation du ministère, en tenant compte de la règle de la tripartition dans le cadre de la parité.

b- La spécialisation et la compétence sont adoptées dans la fonction publique, le pouvoir judiciaire, les institutions militaires, sécuritaires, les établissements publiques et d'économie mixte, dans le cas où le concours garantissant les critères de professionnalisme, de transparence et d'égalité serait le mécanisme de sélection adopté, à l'exception des fonctions de première catégorie ou leur équivalent où la règle de la représentation communautaire est prise en compte. Ces fonctions sont réparties à égalité entre chrétiens et musulmans sans réserver une quelconque fonction à une communauté déterminée, tout en respectant les principes de spécialisation et de compétence.

L'article 96 abrogé est remplacé par les dispositions suivantes :

La répartition des sièges sénatoriaux entre les communautés se fera conformément aux dispositions de l'article (22), dans la proportion suivante :

Sénateurs élus :

25 maronites, 20 sunnites, 20 chiites, 10 grecs-orthodoxes, 6 grecs-catholiques, 6 druzes, 3 arméniens-orthodoxes, 1 arménien-catholique, 1 alaouite, 1 protestant, 1 chrétien minoritaire.

Total : 94 sièges.

Sénateurs nommés :

3 maronites, 3 sunnites, 3 chiites, 2 grecs-orthodoxes, 2 grecs-catholiques, 2 druzes, 1 arménien-orthodoxe, 1 alaouite, 1 chrétien minoritaire (y compris les arméniens-catholiques et les protestants).

Total : 18 sièges.

## Article II : La présente loi constitutionnelle est publiée au Journal officiel.

# Tableau comparatif

| Texte en vigueur | Texte proposé |
|---|---|
| **TITRE I : DISPOSITIONS FONDAMENTALES** | |
| **PREAMBULE DE LA CONSTITUTION** | |
| Aliénas en vigueur | Aliénas proposés |
| a) Le Liban est une Patrie souveraine, libre et indépendante, Patrie définitive pour tous ses fils, unitaire dans son territoire, son peuple et ses institutions, à l'intérieur de ses frontières fixées dans cette Constitution et reconnues internationalement. | a) Le Liban est une Patrie souveraine, libre et indépendante, Patrie définitive pour tous ses fils, unitaire dans son territoire, son peuple et ses institutions, à l'intérieur de ses frontières fixées dans cette Constitution et reconnues internationalement. |
| b) Le Liban est arabe dans son identité et son appartenance. Il est membre fondateur et actif de la Ligue des Etats Arabes et engagé par ses pactes ; de même qu'il est membre fondateur et actif de l'Organisation des Nations-Unies, engagé par ses pactes et par la Déclaration Universelle des Droits de l'Homme. L'Etat concrétise ces principes dans tous les champs et domaines sans exception. | b) Le Liban est arabe dans son identité et son appartenance. Il est membre fondateur et actif de la Ligue des Etats Arabes et engagé par ses pactes ; de même qu'il est membre fondateur et actif de l'Organisation des Nations-Unies, engagé par ses pactes et par la Déclaration Universelle des Droits de l'Homme. L'Etat concrétise ces principes dans tous les champs et domaines sans exception. |
| c) Le Liban est une république démocratique, parlementaire, fondée sur le respect des libertés publiques et en premier lieu la liberté d'opinion et de | c) Le Liban est une république démocratique, parlementaire, fondée sur le respect des libertés publiques et en premier lieu la liberté d'opinion et de conscience, |

conscience, sur la justice sociale et l'égalité dans les droits et obligations entre tous les citoyens sans distinction ni préférence.

d) Le peuple est la source des pouvoirs et le détenteur de la souveraineté qu'il exerce à travers les institutions constitutionnelles.

e) Le régime est fondé sur le principe de la séparation des pouvoirs, leur équilibre et leur coopération.

f) Le régime économique est libéral et garantit l'initiative individuelle et la propriété privé.

g) Le développement équilibré des régions, culturellement, socialement et économiquement constitue une assise fondamentale de l'unité de l'Etat et de la stabilité du régime.

h) La suppression du confessionnalisme politique constitue un but national essentiel pour la réalisation duquel il est nécessaire d'œuvrer suivant un plan par étapes.

i) Le territoire libanais est un territoire indivisible pour tous les Libanais. Tout Libanais a le droit de résider sur n'importe quelle partie de celui-ci et d'en jouir sous la protection de la souveraineté de la loi. Il n'est point de discrimination entre la population fondée sur une quelconque allégeance, ni de division, ou de partition ou d'implantation.

sur la justice sociale et l'égalité dans les droits et obligations entre tous les citoyens sans distinction ni préférence.

d) Le peuple est la source des pouvoirs et le détenteur de la souveraineté qu'il exerce à travers les institutions constitutionnelles.

e) Le régime est fondé sur le principe de la séparation des pouvoirs, leur équilibre et leur coopération.

f) Le régime économique est libéral et garantit l'initiative individuelle et la propriété privé.

g) Le développement équilibré et **adapté** des régions, culturellement, socialement et économiquement constitue une assise fondamentale de l'unité de l'Etat et de la stabilité du régime.

h) **Dépasser** le confessionnalisme politique constitue un but national essentiel pour la réalisation duquel il est nécessaire d'œuvrer suivant un plan par étapes.

i) Le territoire libanais est un territoire indivisible pour tous les Libanais. Tout Libanais a le droit de résider sur n'importe quelle partie de celui-ci et d'en jouir sous la protection de la souveraineté de la loi. Il n'est point de discrimination entre la population fondée sur une quelconque allégeance, ni de division, ou de partition ou d'implantation.

j) Aucune légitimité n'est reconnue à un quelconque pouvoir qui contredise le pacte de vie commune.

**j) La Constitution et ses dispositions constituent la seule et unique garantie de la coexistence entre les Libanais.**

## CHAPITRE I : DE L'ETAT ET DU TERRITOIRE

### Article 1 en vigueur

Le Liban est un Etat indépendant, unitaire et souverain. Ses frontières sont celles qui le limitent actuellement :

Au Nord : de l'embouchure du Nahr-el-Kébir, une ligne suivant le cours de ce fleuve jusqu'à son point de jonction avec son affluent, le Ouadé Khaled à hauteur de Jisr-el-Kamar.

A l'Est : la ligne de faîte séparant les vallées du Ouadé Khaled et de Nahr-el-Assi (Oronte) et passant par les villages de Meayssra, Harbana, Hait-Ebbech-Faissan à hauteur des villages de Brifa et de Brifa et de Matrabah, cette ligne suit la limite nord du caza de Baalbeck, en direction nord-est et en direction sudest, puis les limites est des cazas de Baalbeck, Békaa, Hasbaya et Rachaya.

Au Sud : les limites sud actuelles des cazas de Tyr et de Marjayoun.

Et à l'Ouest : la Méditerranée

### Article 1 proposé

Le Liban est un Etat indépendant, unitaire et souverain. Ses frontières sont celles qui le limitent actuellement :

Au Nord : de l'embouchure du Nahr-el-Kébir, une ligne suivant le cours de ce fleuve jusqu'à son point de jonction avec son affluent, le Ouadé Khaled à hauteur de Jisr-el-Kamar.

A l'Est : la ligne de faîte séparant les vallées du Ouadé Khaled et de Nahr-el-Assi (Oronte) et passant par les villages de Meayssra, Harbana, Hait, Ebbech, Faissan, à hauteur des villages de Brina et Matrabah, cette ligne suit la limite nord du caza de Baalbeck, en direction nord-est et en direction sud-est, puis les limites Est des cazas de Baalbeck, Békaa, Hasbaya et Rachaya.

Au Sud : **les limites sud actuelles des cazas de Tyr, de Bint Jbeil et de Marjayoun selon l'accord Paulet-Newcombe signé le 7 mars 1923.**

Et à l'Ouest : la Méditerranée

| Article 3 en vigueur | Article 3 proposé |
|---|---|
| | **L'organisation administrative au Liban repose sur la décentralisation afin de renforcer la pratique de la démocratie locale et le bon fonctionnement de l'activité administrative.** |
| Les limites des circonscriptions administratives ne peuvent être modifiées que par une loi. | Les limites des circonscriptions administratives ne peuvent être modifiées que par une loi. |

## CHAPITRE II : DES LIBANAIS, DE LEURS DROITS ET DE LEURS DEVOIRS

| Article 7 en vigueur | Article 7 proposé |
|---|---|
| Tous les Libanais sont égaux devant la loi. Ils jouissent également des droits civils et politiques et sont également assujettis aux charges et devoirs publics, sans distinction aucune. | Tous les Libanais, **hommes et femmes**, sont égaux devant la loi. Ils jouissent également des droits civils et politiques et sont également assujettis aux charges et devoirs publics, sans distinction aucune. |

| Article 8 en vigueur | Article 8 proposé |
|---|---|
| La liberté individuelle est garantie et protégée par la loi. Nul ne peut être arrêté ou détenu que suivant les dispositions de la loi. Aucune infraction et aucune peine ne peuvent être établies que la loi. | La liberté individuelle est garantie et protégée par la loi. Nul ne peut être arrêté, emprisonné, détenu, **ou soumis à des restrictions de résidence, ou de liberté d'aller et de venir, ou être soumis à des mesures de sécurité ou d'enquête,** que suivant les dispositions de la loi. Aucune infraction et aucune peine ne peuvent être établies que par la loi. |

| Article 9 en vigueur | Article 9 proposé |
| --- | --- |
| La liberté de croyance est absolue. En rendant hommage au Très-Haut, l'Etat respecte toutes les confessions et en garantit et protège le libre exercice à condition qu'il ne soit pas porté atteinte à l'ordre public. | La liberté de croyance est absolue. En rendant hommage au Très-Haut, l'Etat respecte toutes les confessions et en garantit et protège **la liberté de conscience** ainsi que le libre exercice **des rituels religieux** à condition qu'il ne soit pas porté atteinte à l'ordre public. |
| Il garantit également aux populations, à quelque rite qu'elles appartiennent, le respect de leur statut personnel et de leurs intérêts religieux. | **L'Etat** garantit également **à tous les citoyens, quel que soit leur rite,** le respect de leur statut personnel et de leurs intérêts religieux. **Dans ce contexte, il peut également réglementer le statut personnel civil par des lois qui ne s'opposent pas à la liberté de croyance.** |

| Article 10 en vigueur | Article 10 proposé |
| --- | --- |
| | L'enseignement **est un droit pour le citoyen et s'instruire est un devoir pour lui. L'enseignement est obligatoire de manière égalitaire pour tous les citoyens jusqu'à la fin de l'éducation complémentaire. L'enseignement public est gratuit et il incombe à l'Etat de créer les écoles, les instituts, les universités et les établissements éducatifs nécessaires pour le garantir de manière adéquate.** |
| L'enseignement est libre en tant qu'il n'est pas contraire à l'ordre public et aux bonnes mœurs et qu'il ne touche pas à la dignité des confessions. Il ne sera porté | L'enseignement est libre **dans le cadre de la promotion de l'unité nationale et du respect** de l'ordre public et des bonnes mœurs. Il ne |

aucune atteinte au droit des communautés d'avoir leurs écoles, sous réserve des prescriptions générales sur l'instruction publique édictées par l'Etat.

sera porté aucune atteinte au droit des communautés d'avoir leurs écoles, sous réserve des prescriptions générales sur l'instruction publique édictées par l'Etat.

### Article 12 en vigueur

Tous les citoyens libanais sont également admissibles à tous les emplois publics sans autre motif de préférence que leur mérite et leur compétence et suivant les conditions fixées par la loi. Un statut spécial régira les fonctionnaires de l'Etat suivant les administrations auxquelles ils appartiennent.

### Article 12 proposé

Tous les citoyens libanais, **hommes et femmes**, sont également admissibles à tous les emplois publics sans autre motif de préférence que leur mérite et leur compétence et suivant les conditions fixées par la loi **conformément** à un statut spécial **qui** régira les fonctionnaires de l'Etat suivant les administrations auxquelles ils appartiennent.

### Article 13 en vigueur

La liberté d'exprimer sa pensée par la parole ou par la plume, la liberté de la presse, la liberté de réunion et la liberté d'association, sont garanties dans les limites fixées par la loi.

### Article 13 proposé

La liberté d'exprimer sa pensée par la parole ou par la plume, la liberté de la presse, **d'impression et de publication**, la liberté de réunion et la liberté d'association, sont garanties dans les limites fixées par la loi.

# TITRE II : DES POUVOIRS

## CHAPITRE I : DISPOSITIONS GENERALES

### Article 16 en vigueur

Le pouvoir législatif s'exerce par une seule Assemblée : la Chambre des députés.

### Article 16 proposé

Le pouvoir législatif s'exerce par **deux Assemblées : le Sénat et la Chambre des députés, sous réserve des dispositions de l'article (30).**

### Article 18 en vigueur

L'initiative des lois appartient à la Chambre des députés et au Conseil des ministres. Aucune loi ne peut être promulguée si elle n'a été votée par la Chambre des députés.

### Article 18 proposé

**Le Président de la République, après l'approbation du Conseil des ministres, et les députés,** ont le droit de proposer des lois. Aucune loi ne peut être promulguée si elle n'a été votée par la Chambre des députés, **de même que par le Sénat dans le cas des matières prévues à l'article (30).**

**Dans ce cas, les projets et les propositions de lois sont examinés et discutés successivement en premier lieu à la Chambre des députés puis au Sénat. Ils doivent être approuvés de manière identique par les deux Chambres. Immédiatement, une commission mixte paritaire dont les membres sont désignés par le bureau de chaque Chambre est chargée de proposer un texte sur les dispositions restantes en discussion concernant un projet ou une proposition de loi qui n'a pas été accepté après deux**

lectures dans chaque Chambre en raison d'un désaccord entre les deux Chambres.

Si la commission mixte ne parvient pas à adopter un texte commun, ou si ce texte n'est pas approuvé par les deux Chambres, le projet ou la proposition de loi est définitivement rejeté.

Le Gouvernement peut, pour l'exécution de son programme, demander à la Chambre des députés et au Sénat, concernant les matières prévues à l'article (30), de lui déléguer pendant un délai limité le pouvoir de prendre des décrets-lois sur des matières qui sont normalement du domaine de la loi.

Les décrets-lois sont promulgués après l'approbation du Conseil des ministres et avis du Conseil d'Etat, ce dernier devant donner son avis dans un délai de trente jours à compter de la date de la demande de consultation.

Ils doivent être approuvés par la Chambre des députés ainsi que par le Sénat, dans le cas où l'une des matières mentionnées à l'article (30) y est traitée par l'intermédiaire d'un projet de loi de ratification qui doit être déposé devant le Parlement avant la date fixée par la loi d'habilitation, faute de quoi les décrets-lois concernés deviennent caducs.

| Article 19 en vigueur | Article 19 proposé |
| --- | --- |
| Un Conseil constitutionnel sera institué pour contrôler la constitutionnalité des lois et statuer sur les conflits et pourvois d'invalidation relatifs aux élections présidentielles et parlementaires. | **Le Conseil constitutionnel est chargé de** contrôler la constitutionnalité des lois et de statuer sur les conflits et pourvois d'invalidation relatifs aux élections présidentielles et parlementaires. **Les décisions qu'il rend ont autorité de la chose jugée. Elles s'imposent à tous les pouvoirs publics et à toutes les autorités juridictionnelles et administratives, et sont publiées au Journal officiel.** |
| Le droit de saisir le Conseil pour le contrôle de la constitutionnalité des lois appartient au Président de la République, au Président de la Chambre des députés, au Président du Conseil des ministres ou à dix membres de la Chambre des députés, ainsi qu'aux chefs spirituels des communautés reconnues légalement en ce qui concerne exclusivement le statut personnel, la liberté de conscience, l'exercice des cultes religieux et la liberté de l'enseignement religieux. | Le droit de saisir le Conseil pour le contrôle de la constitutionnalité des lois, appartient au Président de la République, au **Président du Sénat,** au Président de la Chambre des députés, au Président du Conseil des ministres, à dix membres de la Chambre des députés, ainsi qu'aux chefs spirituels des communautés reconnues légalement en ce qui concerne exclusivement le statut personnel, la liberté de conscience, l'exercice des cultes religieux et la liberté de l'enseignement religieux. |
| | **Le Médiateur de la République et l'Ordre des Avocats au Liban ont également le droit de recours, exclusivement en ce qui concerne les droits et les libertés que la Constitution garantit.** |
| | **Le Conseil constitutionnel exerce également un contrôle sur la constitutionnalité des lois qui** |

l'établissent, régissent son fonctionnement interne, ainsi que du règlement intérieur de chaque Chambre, du Conseil des ministres, des lois régissant l'élection du Président de la République, des membres des deux Chambres, des lois organisant le pouvoir judiciaire, de la loi d'instruction criminelle devant la Haute-Cour, de la loi du budget général de l'Etat, de la loi sur la nationalité, de la loi régissant l'organisation administrative et la décentra-lisation administrative, ainsi que de la loi portant statut des fonctionnaires et ce, dès leur publication au Journal officiel.

Le Conseil constitutionnel est composé de neuf membres et la durée de son mandat est de six ans, catégoriquement non renouvelables ni réductibles. Ils sont nommés comme suit :

- Un membre nommé par décret par le Président de la République, il préside le Conseil,

- Deux membres nommés par le Sénat, à la majorité absolue des membres lors de la première session, et à la majorité simple lors de la session suivante,

- Deux membres nommés par la Chambre des députés, à la majorité absolue des membres lors de la

Les règles concernant
l'organisation du Conseil, son
fonctionnement, sa composition et
sa saisine seront fixées par une loi.

### Article 20 en vigueur

Le pouvoir judiciaire fonctionnant
dans les cadres d'un statut établi
par la loi et assurant aux juges et
aux justiciables les garanties
indispensables, est exercé par les
tribunaux des différents ordres et
degrés. La loi fixe les limites et les
conditions de l'inamovibilité des
magistrats.

Les juges sont indépendants dans
l'exercice de leur magistrature.

première session, et à la majorité
simple lors de la session suivante,

- Deux membres nommés par le
Conseil des ministres,

- Un membre nommé par le Conseil
supérieur de la magistrature, parmi
trois noms préalablement élus par
un collège électoral composé de
tous les juges judiciaires,

- Un membre nommé par le Conseil
supérieur de la magistrature
administrative, parmi trois noms
préalablement élus par un collège
électoral composé de tous les
juges administratifs et financiers.

Les règles concernant l'organisation
du Conseil, son fonctionnement, sa
composition et sa saisine seront
fixées par une loi.

### Article 20 proposé

Le pouvoir judiciaire fonctionnant
dans les cadres d'un statut établi
par la loi et assurant aux juges et aux
justiciables les garanties
indispensables, est exercé par les
tribunaux des différents ordres et
degrés. La loi fixe les limites et les
conditions de l'inamovibilité des
magistrats.

Les juges sont indépendants dans
l'exercice de leurs magistratures, à
condition qu'aucune fonction
judiciaire ne soit attribuée à un juge
en particulier, de sorte que des

**permutations générales et globales des postes de la magistrature judiciaire soient effectuées tous les quatre ans au maximum,  à l'exception du premier Président de la Cour de cassation, du procureur général près la Cour de cassation, du Président et des membres de l'Inspection judiciaire et du procureur général financier.**

**Les permutations décidées par les organes judiciaires compétents sont dûment contraignantes et définitives pour toutes les autorités constitutionnelles, notamment celles chargées de leur donner la forme exécutoire, de sorte que le décret y relatif doit être promulgué dans un délai d'un mois à compter de la date de son approbation définitive par lesdits organes.**

Les arrêts et jugements de tous les tribunaux sont rendus et exécutés au nom du Peuple libanais.

Les arrêts et jugements de tous les tribunaux sont rendus et exécutés au nom du Peuple libanais.

### Article 21 en vigueur

Est électeur tout citoyen libanais âgé de 21 ans révolus, qui remplit les conditions prévues par la loi électorale.

### Article 21 proposé

Est électeur tout citoyen libanais, **homme et femme, âgé de dix-huit (18) ans révolus,** qui remplit les conditions prévues par la loi électorale.

# CHAPITRE II : DU POUVOIR LEGISLATIF

### Article 22 en vigueur

Avec l'élection de la première Chambre des députés sur une base nationale et non confessionnelle, un Sénat sera créé où seront représentées toutes les familles spirituelles ; ses attributions seront limitées aux questions nationales d'intérêt majeur.

### Article 22 proposé

**Le Sénat est composé de cent douze membres élus ou nommés conformément aux règles suivantes:**

**1- De manière égale entre chrétiens et musulmans.**

**2- Proportionnellement entre les communautés de chacune des deux catégories.**

**3- Les électeurs de chaque communauté forment une circonscription électorale chargée d'élire les sénateurs qui lui sont attribués en vertu de l'article (96), selon la représentation proportionnelle, selon la règle des plus forts restes au sein de listes bloquées dans le cas où le nombre de sénateurs dans la circonscription électorale dépasse un sénateur, et selon le scrutin majoritaire, à un seul tour, si la communauté se voit attribuer un seul siège.**

**Les chefs spirituels des communautés nommeront les sénateurs désignés pour chacune d'entre elles en vertu de l'article (96) exclusivement parmi des religieux, étant entendu que les chefs des communautés minoritaires se réunissent en collège électoral pour choisir le sénateur qui leur est**

assigné. Serait désigné le sénateur obtenant la majorité absolue des suffrages.

<table>
<tr><td align="center">Article 23 en vigueur</td><td align="center">Article 23 proposé</td></tr>
</table>

|  |  |
|---|---|

## Article 23 en vigueur

(Abrogé par la loi constitutionnelle du 17/10/1927)

## Article 23 proposé

**Pour être sénateur il faut être Libanais, âgé de quarante ans révolus. Le mandat du Sénat est de six ans. Les conditions d'éligibilité des membres élus et des membres nommés, ainsi que les modalités de leur élection et nomination seront réglées par la loi.**

## Article 24 en vigueur

La Chambre des députés est composée de membres élus dont le nombre et les modalités d'élection seront déterminés par les lois électorales en vigueur. En attendant l'élaboration par la Chambre des députés d'une loi électorale non confessionnelle, les sièges parlementaires seront répartis conformément aux règles suivantes :

a) A égalité entre chrétiens et musulmans.

b) Proportionnellement entre les communautés de chacune de ces deux catégories.

c) Proportionnellement entre les régions.

A titre exceptionnel, et pour une seule fois, les sièges parlementaires vacants à la date

## Article 24 proposé

La Chambre des députés est composée de membres élus **en dehors des contraintes communautaires selon le scrutin majoritaire, en un seul tour avec un vote unique non transférable, de sorte qu'il appartient à l'électeur de la circonscription électorale d'élire un seul candidat.**

**Une circonscription électorale ne peut comprendre moins de cinq sièges et plus de huit sièges, à condition que le nombre de sièges parlementaires n'excède pas cent douze sièges (112).**

**La loi relative à l'élection des membres de la Chambre des députés détermine leur nombre, les conditions d'éligibilité et les modalités de leur élection. Un certain nombre de sièges**

de la publication de la présente loi ainsi que les sièges qui seront créés par la loi électorale, en application du principe de l'égalité entre chrétiens et musulmans, conformément à la Charte d'entente nationale, seront pourvus par nomination pour une seule fois par le Gouvernement d'Entente Nationale à la majorité des deux tiers. La loi électorale déterminera les modalités d'application de cet article.

**parlementaires peut être attribué aux Libanais résidant à l'étranger.**

### Article 25 en vigueur

En cas de dissolution de la Chambre des députés, l'acte de dissolution doit contenir la convocation des électeurs pour des élections nouvelles qui auront lieu conformément à l'article 24 et dans un délai ne dépassant pas trois mois.

### Article 25 proposé

En cas de dissolution de la Chambre des députés, **le décret de dissolution** doit contenir la convocation des électeurs pour des élections nouvelles qui auront lieu conformément à l'article (24) et dans un délai ne dépassant pas trois mois **de la date de publication du décret de dissolution.**

## CHAPITRE III : DISPOSITIONS GENERALES

### Article 26 en vigueur

La Chambre et le pouvoir exécutif siègent à Beyrouth.

### Article 26 proposé

**Les Chambres** et le pouvoir exécutif siègent à Beyrouth.

<table>
<tr><td>

Article 27 en vigueur

</td><td>

Article 27 proposé

</td></tr>
<tr><td>

Le membre de la Chambre représente toute la Nation. Aucun mandat impératif ne peut lui être donné par ses électeurs.

</td><td>

**Le membre du Sénat représente sa communauté au sein de la Nation. Aucun mandat impératif ne peut lui être donné par ses électeurs.**

**Quant au** membre de la Chambre des députés, il représente toute la Nation. Aucun mandat impératif ne peut lui être donné par ses électeurs.

</td></tr>
<tr><td>

Article 28 en vigueur

</td><td>

Article 28 proposé

</td></tr>
<tr><td>

Il n'y a aucune incompatibilité entre le mandat de député et la charge de ministre. Les ministres peuvent être pris indistinctement tant dans la Chambre qu'en dehors d'elle.

</td><td>

**A l'exception du Président et du Vice-président du Conseil des ministres, il n'est pas permis de cumuler le mandat de sénateur avec celui de député ou de membre du gouvernement. Par contre, les ministres peuvent être choisis parmi les parlementaires, des personnes extérieures au Parlement, ou une combinaison des deux. Il est considéré comme démissionnaire de son mandat parlementaire tout sénateur ou député nommé ministre, à moins qu'il n'ait présenté sa démission de son poste ministériel dans les 24 heures suivant la publication du décret de nomination.**

</td></tr>
<tr><td>

Article 29 en vigueur

</td><td>

Article 29 proposé

</td></tr>
<tr><td>

Les cas d'inaptitude à la qualité de député sont déterminés par la loi.

</td><td>

Les cas d'inaptitude à la qualité de **sénateur** ou de député sont déterminés par la loi.

</td></tr>
</table>

Article 30 en vigueur

Les députés sont seuls compétents pour juger de la validité de leur mandat. Aucun mandat ne peut être invalidé qu'à la majorité des deux tiers du total des membres.

Cet article sera abrogé d'office aussitôt que sera institué le Conseil Constitutionnel et mise en application la loi le concernant.

Article 30 proposé

**Les attributions du Sénat en matière législative sont limitées aux questions nationales d'intérêt majeur : la loi relative à l'élection des membres du Sénat et de la Chambre des députés, la loi sur l'état d'urgence, la loi de défense nationale, les conventions et traités internationaux prévus à l'article (52), les lois relatives au statut personnel, la loi du budget général de l'Etat et les lois financières, la loi sur la nationalité et les lois sur l'organisation et la décentralisation administrative, les lois relatives à la liberté de croyance, à la liberté de pratiquer les rituels religieux, à la liberté d'enseignement religieux et aux libertés mentionnées à l'article (13). Quant à l'autorisation de la déclaration de guerre, elle se fait par une résolution.**

Article 31 en vigueur

Toute réunion de la Chambre en dehors du temps légal de session est illicite et nulle de plein droit.

Article 31 proposé

**Les sessions, tant ordinaire qu'extraordinaires, sont communes aux deux Chambres.** Toute réunion **des Chambres ou de l'une d'elles** en dehors du temps légal de session est illicite et nulle de plein droit.

<table>
<tr><td>

Article 32 en vigueur

La Chambre se réunit chaque année en deux sessions ordinaires. La première s'ouvre le premier mardi qui suit le 15 mars et se termine à la fin du mois de mai. La seconde s'ouvre le premier mardi qui suit le 15 octobre. Elle est consacrée avant tous autres travaux à la discussion et au vote du budget. Elle dure jusqu'à la fin de l'année.

</td><td>

Article 32 proposé

**Les deux Chambres se réunissent en une seule session ordinaire, commençant le premier jour ouvrable d'octobre, et leurs réunions se poursuivent jusqu'à la fin juin.**

</td></tr>
<tr><td>

Article 33 en vigueur

L'ouverture et la clôture des sessions ordinaires ont lieu de plein droit aux dates fixées par l'article 32. Le Président de la République en accord avec le Président du Conseil des ministres peut convoquer la Chambre des députés à des sessions extraordinaires par décret fixant sa date d'ouverture et sa date de clôture et ses travaux. Le Président de la République est tenu de convoquer la Chambre des députés à des sessions extraordinaires si la majorité absolue des membres composant légalement l'Assemblée le demande.

</td><td>

Article 33 proposé

L'ouverture et la clôture des sessions ordinaires ont lieu de plein droit aux dates fixées par l'article (32). Le Président de la République, sur proposition du Président du Conseil des ministres, peut convoquer **les deux Chambres** à des sessions extraordinaires par décret fixant sa date d'ouverture, sa date de clôture et son ordre du jour **de manière exclusive.** Le Président de la République est tenu de convoquer les **Chambres** à des sessions extraordinaires si la majorité absolue des membres **de chacune des deux Chambres le demande.**

</td></tr>
<tr><td>

Article 34 en vigueur

La Chambre ne peut valablement se constituer que par la présence de la majorité des membres qui la composent légalement. Les résolutions sont prises à la

</td><td>

Article 34 proposé

**Aucune des deux Chambres** ne peut valablement se constituer que par la présence de la majorité des membres qui la composent légalement. Les résolutions sont

</td></tr>
</table>

majorité des voix. En cas de partage égal des voix, la question mise en délibération est rejetée.

### Article 35 en vigueur

Les discussions de la Chambre sont publiques. Toutefois, la Chambre se forme en comité secret sur la demande du Gouvernement ou de cinq de ses membres. Elle décide ensuite si la discussion doit être reprise en public sur le même sujet.

### Article 36 en vigueur

Les votes sont émis à haute voix ou par assis et levé sauf quand il s'agit d'élection, auquel cas, le scrutin est secret. Sur l'ensemble des lois et sur la question de confiance on vote toujours par appel nominal et à haute voix.

prises à la majorité des voix. En cas de partage égal des voix, la question mise en délibération est rejetée.

### Article 35 proposé

Les discussions **des Chambres** sont publiques. Toutefois, **chaque** Chambre peut se former en comité secret sur la demande du Gouvernement ou du **dixième de ses membres.** Elle décide ensuite si la discussion doit être reprise en public sur le même sujet.

### Article 36 proposé

Les votes sont émis à haute voix ou par assis et levé sauf quand il s'agit d'élection, auquel cas, le scrutin est secret. Sur l'ensemble des lois et sur la question de confiance, on vote toujours soit par appel nominal et à voix haute, **soit par vote électronique, à condition que le procès-verbal de la séance comporte le résultat détaillé du vote de chaque membre dans l'une ou l'autre Chambre.**

**Le vote des projets ou des propositions de loi a lieu article par article, à condition que la question dans son ensemble soit mise aux voix après le vote des articles. Le vote bloqué sur les projets ou les propositions de loi est possible si l'une ou l'autre Chambre décide de le faire à la majorité. Les amende-ments aux articles des projets et propositions de loi ne peuvent être présentés en**

Le droit pour tout député de mettre en cause la responsabilité des ministres est absolu durant les sessions ordinaire et extraordinaires. Il ne pourra être délibéré et voté sur une proposition de cette nature que cinq jours au moins après le dépôt qui en en aura été fait sur le bureau de la Chambre des députés et sa communication au ministre ou aux ministres visés.



## Article 37 proposé

Le droit pour tout député de mettre en cause la responsabilité des ministres est absolu durant les sessions ordinaire et extraordinaires. Il ne pourra être délibéré et voté sur une proposition de cette nature que cinq jours au moins après le dépôt qui en en aura été fait sur le bureau de la Chambre des députés et sa communication au ministre ou aux ministres visés.

**Le dixième des membres du Sénat a le droit de déposer une motion de censure selon les conditions prévues au paragraphe précédent.**

**De même, le Président du Conseil, sur décision du Conseil des ministres, peut soumettre une question de confiance à la Chambre des députés ou engager la responsabilité du Gouvernement sur l'adoption d'un projet de loi proposé par le Gouvernement, le rejet de ce projet étant considéré comme un vote de défiance envers le Gouvernement. Il n'est cependant pas permis d'engager la responsabilité du Gouvernement devant la Chambre des députés ou le Sénat sur un projet de loi traitant**

l'un des sujets énumérés à l'article 30, à l'exception des lois financières.

## Article 38 en vigueur

Toute proposition de loi qui aura été rejetée par la Chambre ne pourra être représentée dans la même session.

## Article 38 proposé

**Tout projet** ou proposition de loi qui aura été rejeté par le **Parlement** ne peut être représenté **pour examen** dans la même session. **Le Gouvernement a le droit de retirer à tout moment les projets de lois avant leur vote final par décret pris après l'approbation du Conseil des ministres.**

## Article 39 en vigueur

Aucun membre de la Chambre ne peut être poursuivi ou recherché à l'occasion des opinions ou votes émis par lui pendant la durée de son mandat.

## Article 39 proposé

Aucun membre de **l'une ou de l'autre Chambre** ne peut être poursuivi ou recherché à l'occasion des opinions ou votes émis par lui pendant la durée de son mandat.

## Article 40 en vigueur

Aucun membre de la Chambre ne peut, pendant la durée de la session, être poursuivi ni arrêté pour infraction à la loi pénale qu'avec l'autorisation de la Chambre sauf le cas de flagrant délit.

## Article 40 proposé

Aucun membre de **l'une ou de l'autre Chambre** ne peut, pendant la durée de la session, être **soumis à une mesure privative de liberté** pour infraction à la loi pénale, de sorte qu'il ne peut être arrêté, **emprisonné, détenu, restreint dans sa liberté de déplacement, ou soumis à des mesures de sécurité**, sans l'autorisation **de la majorité relative des membres de la Chambre auquel il appartient**, sauf en cas de flagrant délit.

Article 41 en vigueur

En cas de vacance d'un siège à la Chambre, il sera pourvu à la vacance dans un délai de deux mois. Le mandat du nouveau membre ne durera que jusqu'à l'expiration du mandat de celui qu'il remplace. Il ne sera pas pourvu à la vacance si la Chambre est à moins de six mois de l'expiration de ses pouvoirs.

Article 41 proposé

En cas de vacance d'un siège de **l'une ou de l'autre Chambre**, il sera pourvu à la vacance par **élection ou par nomination**, **selon le cas**, dans un délai de deux mois. Il ne sera pas pourvu à la vacance si la Chambre **où elle s'est produite** est à moins de six mois de l'expiration de ses pouvoirs.

**Cependant, il est indiqué que chacune des lois régissant l'élection et la nomination des membres du Sénat et de la Chambre des députés doit prévoir un système de sénateurs ou de députés suppléants à ceux en titre, de sorte que les dispositions du premier paragraphe soient alors de plein droit abrogées. Dans de tels cas, le sénateur ou le député suppléant remplacerait le sénateur ou le député en titre lorsque son siège deviendrait vacant pour quelque raison que ce soit, notamment si le sénateur ou le député en titre cesse d'être membre du Parlement pour occuper un poste ministériel conformément aux dispositions de l'article (28) de la Constitution. Le sénateur ou le député suppléant prendrait alors la place du sénateur ou du député en titre pour la durée restante de son mandat.**

Article 42 en vigueur

Les élections générales pour le renouvellement de l'Assemblée ont lieu dans les soixante jours qui précèdent l'expiration de son mandat.

Article 42 proposé

Les élections générales pour le renouvellement **des Assemblées et la nomination des sénateurs non élus**, ont lieu dans les soixante jours qui précèdent l'expiration de **leur** mandat.

Article 43 en vigueur

La Chambre fait son règlement intérieur.

Article 43 proposé

**Chaque Chambre** fait son règlement intérieur **par une résolution soumise nécessairement au contrôle du Conseil constitutionnel.**

Article 44 en vigueur

A chaque renouvellement de la Chambre des députés, celle-ci se réunit sous la présidence du doyen d'âge de ses membres et les deux plus jeunes membres font fonction de secrétaires. Elle procède à l'élection du Président et du Vice-président séparément pour la durée du mandat de la Chambre, au scrutin secret et à la majorité absolue des suffrages exprimés. Au troisième tour de scrutin, les résultats sont acquis à la majorité relative et en cas d'égalité des suffrages, le plus âgé est réputé élu.

A chaque renouvellement de la Chambre des députés, ainsi qu'à l'ouverture de la session d'octobre de chaque année, la Chambre procède à l'élection de deux secrétaires, au scrutin secret et à

Article 44 proposé

A chaque renouvellement de **l'une des deux Chambres**, celle-ci se réunit sous la présidence du doyen d'âge de ses membres et les deux plus jeunes membres font fonction de secrétaires. Elle procède à l'élection du Président et du Vice-président séparément pour la durée du mandat **de chacune des deux Chambres**, au scrutin secret et à la majorité absolue des suffrages exprimés. Au troisième tour de scrutin, les résultats sont acquis à la majorité relative, et en cas d'égalité des suffrages, le plus âgé est réputé élu.

A chaque renouvellement de **l'une des deux Chambres**, ainsi qu'à l'ouverture de la session ordinaire **en** octobre de chaque année, la Chambre procède à l'élection de deux secrétaires **et de trois questeurs**, au scrutin secret **et à** la majorité mentionnée au premier paragraphe de cet article.

La Chambre peut une fois seulement, deux ans après l'élection de son Président et de son Vice-président et lors de la première séance qu'elle tiendra, retirer sa confiance au Président ou au Vice-président à la majorité des deux tiers de l'ensemble de ses membres sur pétition signée par dix députés au moins.

La Chambre des députés doit dans ce cas tenir immédiatement une séance pour pourvoir au poste vacant.

**bulletins séparés pour les deux catégories**, et à la majorité mentionnée au premier paragraphe de cet article.

**Chacune des deux Chambres** peut, une fois seulement, deux ans après l'élection de son Président et de son Vice-président et lors de la première séance qu'elle tient, **révoquer** son Président ou son Vice-président à la majorité **absolue** de ses membres sur pétition signée par au moins dix **sénateurs** ou députés **et adressée au bureau de la Chambre.**

En cas **de révocation**, la Chambre doit **se réunir** immédiatement **en session** pour pourvoir au poste vacant.

**Il n'est pas permis d'élire le même sénateur ou député à la présidence de l'une des deux Chambres pour plus de deux mandats consécutifs, et il ne peut être réélu qu'après expiration d'au moins un mandat, d'une durée minimale de quatre ans pour la Chambre des députés.**

### Article 45 en vigueur

Les membres de la Chambre ne votent que s'ils sont présents à la séance, le vote par procuration n'est pas admis.

### Article 45 proposé

Les membres **des deux Chambres** ne votent que s'ils sont présents à la séance ; le vote par procuration n'est pas admis.

### Article 46 en vigueur

La Chambre a seule le droit de maintenir l'ordre dans son sein par l'intermédiaire de son Président.

### Article 46 proposé

**Chacune des deux Chambres** a seule le droit de maintenir l'ordre dans son sein par l'intermédiaire de son Président.

### Article 47 en vigueur

Toute pétition à la Chambre ne peut être faite et présentée que par écrit. Il est interdit d'apporter des pétitions en personne ou à la barre.

### Article 48 en vigueur

L'indemnité des membres de la Chambre est déterminée par une loi.

### Article 47 proposé

Les pétitions ne peuvent être soumises **à aucune des deux Chambres** que de manière écrite. Il est interdit d'apporter des pétitions en personne ou à la barre.

### Article 48 proposé

L'indemnité des membres des **deux Chambres** est déterminée par une loi.

# CHAPITRE IV : DU POUVOIR EXECUTIF

## Premièrement : Le Président de la République

### Article 49 en vigueur

Le Président de la République est le Chef de l'Etat et le symbole de l'unité de la Patrie. Il veille au respect de la Constitution et à la sauvegarde de l'indépendance du Liban, de son unité et de l'intégrité de son territoire conformément aux dispositions de la Constitution. Il préside le Conseil supérieur de Défense. Il est le commandant en chef des forces armées lesquelles sont soumises à l'autorité du Conseil des ministres.

Le Président de la République est élu, au premier tour, au scrutin secret à la majorité des deux tiers des suffrages par la Chambre des députés. Aux tours de scrutins suivants, la majorité absolue suffit.

### Article 49 proposé

Le Président de la République est le Chef de l'Etat et le symbole de l'unité de la Patrie. Il veille au respect de la Constitution, à la sauvegarde de l'indépendance du Liban, de son unité et de l'intégrité de son territoire, **et garantit le fonctionnement régulier des pouvoirs publics** conformément aux dispositions de la Constitution. Il préside le Conseil supérieur de Défense. Il est le commandant en chef des forces armées.

**Le Président de la République est élu, au premier tour, au scrutin secret à la majorité des deux tiers des suffrages de l'ensemble des membres du Sénat et de la**

Chambre des députés réunis en Congrès, sinon à la majorité des trois cinquièmes (3/5) de l'ensemble des membres du Congrès lors des deux tours suivants, qui doivent se tenir dans un délai de dix jours à compter de la date du premier tour.

Dans le cas où le troisième tour se tient sans parvenir à l'élection d'un Président de la République, ou dans le cas où le Congrès ne peut se réunir en premier, deuxième ou troisième tour à défaut de quorum, la Chambre des députés sera considérée comme dissoute d'office, et un décret à cet effet doit être promulgué sans délai convoquant les collèges électoraux à élire, sans délai, une nouvelle Chambre des députés.

Le Congrès se réunit immédiatement après l'achèvement des opérations électorales et élit, lors du premier tour, un Président de la République à la majorité des trois cinquièmes (3/5) de l'ensemble de ses membres. La majorité absolue de l'ensemble de ses membres suffit pour le prochain tour de vote, qui doit avoir lieu dans un délai de dix jours à compter du premier tour.

La durée de la magistrature du Président est de six ans. Il ne pourra être réélu qu'après un intervalle de six années.

La durée de la magistrature du Président est de six ans. Il ne pourra être réélu qu'après un intervalle de six années.

Nul n'est éligible à la présidence
de la République s'il ne remplit les
conditions requises pour être
éligible à la Chambre des députés
et qui ne font pas obstacle à son
aptitude d'être candidat.
Les magistrats et fonctionnaires
de première catégorie ou ceux qui
leurs sont assimilés dans toutes
les administrations publiques,
établissements publics et autres
personnes morales de droit public
ne peuvent être élus durant
l'exercice de leurs fonctions et
durant les deux années qui
suivent leur démission et la
cessation effective de l'exercice
de leurs fonctions ou de la date
de leur mise à la retraite.

**Les candidatures à la présidence de la
République sont ouvertes quatre mois
avant la fin du mandat prési-dentiel et
clôturées deux mois avant sa fin. Toute
personne candidate à l'élection
présidentielle doit présenter une
déclaration au Président du Sénat
selon une procédure dont les détails
sont déterminés par la loi.**
Nul n'est éligible à la présidence de
la République s'il ne remplit les
conditions requises pour être
éligible à la Chambre des députés et
qui ne font pas obstacle à son
aptitude d'être candidat.

## Article 51 en vigueur

Le Président de la République
promulgue les lois dans les délais
fixés par la Constitution
lorsqu'elles ont été votées par la
Chambre des députés, et en
demande la publication. Il ne peut
les modifier ni dispenser de se
conformer à leurs dispositions.

## Article 51 proposé

Le Président de la République
promulgue les lois dans les délais
fixés par la Constitution lorsqu'elles
ont été votées par la **Chambre des
députés ou par les deux Chambres
conformément aux dispositions
de l'article (30)** et en demande la
publication. Il ne peut les modifier ni
dispenser **de leur exécution.**

Article 52 en vigueur

Le Président de la République négocie et ratifie les traités en accord avec le Président du Conseil des ministres. Ceux-ci ne seront considérés comme ratifiés qu'après l'approbation du Conseil des ministres.

Le Gouvernement en informe la Chambre des députés aussitôt que l'intérêt du pays et la sûreté de l'Etat le permettent. Les traités qui engagent les finances de l'Etat, les traités de commerce et tous les traités qui ne peuvent être dénoncés à l'expiration de chaque année ne peuvent être ratifiés qu'après avoir été votés par la Chambre des députés.

Article 52 proposé

Le Président de la République est chargé de négocier les traités **tout en informant le Président du Conseil des ministres de leur déroulement. Il les ratifie par décret après l'approbation du Conseil des ministres.**

Le Gouvernement en informe **les deux Chambres** aussitôt que l'intérêt du pays et la sûreté de l'Etat le permettent.

Les traités qui engagent les finances de l'Etat, les traités de commerce et tous les traités qui ne peuvent être dénoncés à l'expiration de chaque année, ne peuvent être ratifiés qu'après avoir été votés par **les deux Chambres. Le Président de la République est tenu informé de toutes les négociations visant à approuver tout accord international qui n'est pas soumis à ratification.**

Article 53 en vigueur

1) Le Président de la République préside le Conseil des ministres lorsqu'il le désire sans prendre part au vote.

2) Le Président de la République nomme le Président du Conseil des ministres désigné, après consultation du Président de la Chambre des députés, sur la base de consultations parlementaires

Article 53 proposé

1) Le Président de la République préside le Conseil des ministres lorsqu'il le désire sans prendre part au vote.

2) Le Président de la République, **sur la base de consultations parlementaires impératives auxquelles participent les membres de la Chambre des députés, nomme le Président du Conseil des**

impératives dont il l'informe officiellement des résultats.

3) Il promulgue seul le décret de nomination du Président du Conseil des ministres.

4) Il promulgue, en accord avec le Président du Conseil des ministres, le décret de formation du Gouvernement, et ceux portant acceptation de la démission des ministres ou leur révocation.

5) Il promulgue seul les décrets portant acceptation de la démission du Gouvernement ou le considérant comme démissionnaire.

6) Il transmet à la Chambre des députés les projets de loi qui lui sont soumis par le Conseil des ministres.

7) Il accrédite les ambassadeurs et accepte leur accréditation.

ministres désigné dans un délai d'un mois à compter de la date à laquelle le gouvernement est considéré comme démissionnaire ou de la date à laquelle le Président du Conseil désigné se retire de la formation du gouvernement.

3) Il promulgue seul le décret de nomination du Président du Conseil des ministres.

4) Il promulgue, **sur proposition** du Président du Conseil des ministres, le décret de formation du Gouvernement, ceux portant acceptation de la démission des ministres ou leur révocation, **et de modification de leurs portefeuilles ministériels.**

5) Il promulgue seul les décrets portant acceptation de la démission du Gouvernement ou le considérant comme démissionnaire, **et de la dissolution de la Chambre des députés.**

6) **Il promulgue par décrets les projets de loi approuvés par le Conseil des ministres et les renvoie au Parlement.**

7) Il accrédite les ambassadeurs et accepte leur accréditation.

8) **Il promulgue par décrets la nomination, la révocation et l'acceptation de la démission des fonctionnaires de l'Etat conformément à la loi. Les décrets concernant les fonctionnaires de**

8) Il préside les solennités officielles et décerne par décret les décorations de l'Etat.

9) Il accorde la grâce par décret. L'amnistie ne peut être accordée que par une loi.

10) Il adresse, en cas de nécessité, des messages à la Chambre des députés.

11) Il soumet n'importe quelle affaire urgente au Conseil des ministres, hors de l'ordre du jour.

12) Il convoque, en accord avec le Président du Conseil des ministres, le Conseil des ministres à titre exceptionnel chaque fois que cela lui paraît nécessaire.

première catégorie et équivalents, ainsi que ceux définis par la loi, sont promulgués après l'approbation du Conseil des ministres.

9) Il accorde par décret la nationalité conformément à la loi.

10) Il déclare la guerre par décret après l'approbation du Parlement et du Conseil des ministres.

11) Il préside les solennités officielles et décerne par décret les décorations de l'Etat.

12) Il accorde la grâce par décret. L'amnistie ne peut être accordée que par une loi.

13) Il adresse, en cas de nécessité, des messages **au Parlement réuni en session plénière, soit directement, soit par l'intermédiaire du Président du Sénat. Dans ce cas, et même en dehors des sessions ordinaires, le Parlement se réunit uniquement dans ce but, et la discussion du contenu du message doit se faire sans la présence du Président de la République.**

14) Il soumet n'importe quelle affaire urgente au Conseil des ministres, hors de l'ordre du jour.

15) Il convoque en accord avec le Chef du gouvernement, le Conseil des ministres à titre exceptionnel chaque fois que cela lui parait nécessaire. **Il peut également convoquer le Conseil des ministres en cas d'empêche-**

ment du Chef du gouvernement pour des raisons indépendantes de sa volonté, ou s'il omet de le convoquer pour une période de plus de trente jours.**

Article 54 en vigueur | Article 54 proposé

Les actes du Président de la République doivent être contresignés par le Président du Conseil des ministres et par le ou les ministres intéressés à l'exception du décret portant nomination du Président du Conseil et celui acceptant la démission du Gouvernement ou considérant ce dernier comme démissionnaire. Quant au décret portant promulgation d'une loi il est contresigné par le Président du Conseil des ministres.

Les actes du Président de la République doivent être contresignés par le Chef du gouvernement et par le ou les ministres intéressés à l'exception du décret portant nomination du Chef du gouvernement et celui acceptant la démission du Gouvernement ou considérant ce dernier comme démissionnaire, **et du décret de dissolution de la Chambre des députés**. Quant au décret portant promulgation des lois, il est contresigné uniquement par le Chef du gouvernement.

Article 55 en vigueur | Article 55 proposé

Il appartient au Président de la République, dans les cas énumérés aux articles 65 et 77 de la présente Constitution, de demander au Conseil des ministres la dissolution de la Chambre des députés avant l'expiration légale de son mandat. Si le Conseil des ministres décide suite à cela la dissolution de la Chambre, le Président de la République promulgue le décret de dissolution.

**Le Président de la République peut après consultation du Président du Sénat, du Président de la Chambre des députés et du Chef du gouvernement, par décret motivé, dissoudre la Chambre des députés avant l'expiration légale de son mandat.**

Dans ce cas, les collèges électoraux se réunissent conformément à l'article 25 de la Constitution et la nouvelle Chambre est convoquée dans les quinze jours qui suivent la proclamation des résultats des élections.

Le bureau de la Chambre continue à expédier les affaires courantes jusqu'à l'élection de la nouvelle Chambre.

Au cas où les élections n'ont pas lieu dans le délai fixé à l'article 25 de la Constitution, le décret de dissolution est considéré comme nul et non avenu et la Chambre des députés continue à exercer ses pouvoirs conformément aux dispositions de la Constitution.

Dans ce cas, les collèges électoraux se réunissent conformément à l'article (25) de la Constitution et la nouvelle Chambre est convoquée dans les quinze jours qui suivent la proclamation des résultats des élections.

Le bureau de la Chambre continue à expédier les affaires courantes jusqu'à l'élection de la nouvelle Chambre.

Au cas où les élections n'ont pas lieu dans le délai fixé à l'article (25) de la Constitution, le décret de dissolution est considéré comme nul et non avenu et la Chambre des députés continue à exercer ses pouvoirs conformément aux dispositions de la Constitution.

## Article 56 en vigueur

Le Président de la République promulgue les lois dans le mois qui suit la transmission au Gouvernement de la loi définitivement adoptée et en demande la publication. Quant aux lois dont la promulgation aura été déclarée urgente par un vote de la Chambre,

il doit les promulguer dans un délai de cinq jours et en demander la publication.

## Article 56 proposé

Le président de la République promulgue les lois dans le mois qui suit la transmission au gouvernement de la loi définitivement adoptée et en demande la publication. Quant aux lois dont la promulgation aura été déclarée urgente par un vote de la Chambre des députés **ou des deux Chambres dans les matières prévues à l'article (30),**

il doit les promulguer dans un délai de cinq jours et en demander la publication.

Il promulgue les décrets et demande leur publication. Il peut demander au Conseil des ministres le réexamen de toute décision que prend ce dernier, dans un délai de quinze jours suivant sa transmission à la Présidence de la République. Si le Conseil des ministres maintient la décision prise, ou si le délai est expiré sans que le décret ne soit promulgué ou renvoyé, la décision ou le décret seront considérés exécutoires de plein droit et doivent être publiés.

Il promulgue les décrets **pris en Conseil des ministres** et demande leur publication. Il peut demander au Conseil des ministres le réexamen de toute décision que prend ce dernier, dans un délai de quinze jours suivant sa transmission à la Présidence de la République.

**Si le Conseil des ministres persiste à la majorité des deux tiers de ses membres fixés par le décret de sa formation**, ou si le délai est expiré sans que le décret ne soit promulgué ou renvoyé, **le Président de la République doit nécessairement le promulguer et demander sa publication sous peine de considérer son refus comme constituant une violation de la Constitution. Le Président du Conseil des ministres et les ministres concernés sont tenus de signer sans délai le décret en application du principe de solidarité ministérielle.**

Article 57 en vigueur

Article 57 en proposé

Dans le délai fixé pour la promulgation, le Président de la République peut, après avoir informé le Conseil des ministres, demander une seule fois une nouvelle délibération sur la loi qui ne peut lui être refusée.

Dans le délai fixé pour la promulgation, le Président de la République peut, **par décret,** après avoir informé le Conseil des ministres, demander une seule fois une nouvelle délibération qui ne peut lui être refusée.

Quand le Président use de ce droit, il n'est tenu de promulguer une loi que si cette loi a été votée à la Chambre en seconde

Quand le Président use de ce droit, il n'est tenu de promulguer une loi que si cette loi a été votée à la Chambre des députés **et au Sénat,** délibération, par la majorité absolue des membres composant légalement cette Assemblée.

Au cas où le délai est expiré sans que la loi ne soit promulguée ou renvoyée, elle est considérée exécutoire de plein droit et doit être publiée.

**dans les matières prévues à l'article (30),** après la seconde délibération, par la majorité absolue des membres **de l'une et de l'autre Assemblée.**

Au cas où le délai est expiré sans que la loi ne soit promulguée ou renvoyée **par le Président de la République**, elle est considérée exécutoire de plein droit et **le Président du Sénat, agissant au nom du Président de la République, est chargé de la promulguer et de demander sa publication dans un délai de cinq jours.**

## Article 58 en vigueur

Le Président de la République peut, par décret pris sur l'avis conforme du Conseil des ministres, rendre exécutoire tout projet de loi qui aura été déclaré urgent par le Gouvernement dans le décret de transmission pris sur l'avis conforme du Conseil des ministres et sur lequel la Chambre n'aura pas statué dans les quarante jours qui suivent son inscription à l'ordre du jour d'une séance plénière et sa lecture au cours de cette séance.

## Article 58 proposé

Le Président de la République peut, par décret pris sur l'avis conforme du Conseil des ministres, rendre exécutoire tout projet de loi qui aura été déclaré urgent par le Gouvernement dans le décret de transmission pris sur l'avis conforme du Conseil des ministres et sur lequel la Chambre des députés **n'aura pas statué dans le délai de quarante jours qui suivent son inscription à la première séance plénière.**

**La période intermédiaire entre deux sessions n'est pas prise en compte dans le calcul du délai de quarante jours. Les dispositions de cet article ne s'appliquent pas aux projets de loi portant sur l'une des matières énumérées à l'article (30), à la seule exception des lois financières.**

Article 59 en vigueur

Le Président de la République peut ajourner la Chambre pour une durée n'excédant pas un mois. Il ne peut le faire deux fois dans la même session.

Article 59 proposé

Le Président de la République peut, **par décret motivé**, ajourner les **Chambres** pour une durée n'excédant pas un mois. Il ne peut le faire deux fois dans la même session.

Article 60 en vigueur

Le Président de la République n'est responsable des actes de sa fonction que dans le cas de violation de la Constitution ou de haute trahison. Sa responsabilité pour les délits de droit commun est soumise aux lois ordinaires. Pour ces délits, comme pour la violation de la Constitution et pour la haute trahison, il ne peut être mis en accusation que par la Chambre des députés, décidant à la majorité des deux tiers des membres de l'Assemblée entière; il est jugé par la Haute-Cour prévue à l'article 80. Le ministère public près la Haute-Cour est exercé par un magistrat nommé par la plus haute juridiction, toutes chambres réunies.

Article 60 proposé

Le Président de la République n'est responsable des actes de sa fonction que dans le cas de violation de la Constitution ou de haute trahison. Sa responsabilité pour les délits de droit commun est soumise aux lois ordinaires. Pour ces délits, comme pour la violation de la Constitution et pour la haute trahison, il ne peut être mis en accusation que par la Chambre des députés, décidant à la majorité des deux tiers des membres de l'Assemblée entière ; il est jugé par la Haute-Cour prévue à l'article (80). La fonction de procureur général près la Haute-Cour est confiée au **procureur général près la Cour de cassation.**

Article 62 en vigueur

En cas de vacance de la présidence de la République pour quelque raison que ce soit, les pouvoirs du Président de la République sont exercés à titre

Article 62 proposé

En cas de vacance de la présidence de la République pour quelque raison que ce soit, l'ensemble des prérogatives du Président de la République **sont dévolues provisoirement et à titre de** intérimaire par le Conseil des ministres.

**suppléant au Conseil des ministres, à l'exception de l'envoi des messages à la Chambre des députés.**
**Sous réserve de l'article (49), la dissolution de la Chambre des députés ne peut être prononcée pendant la période de vacance de la présidence de la République.**

## Deuxièmement : Le Président du Conseil des ministres

### Article 64 en vigueur

Le Président du Conseil des ministres est le Chef du gouvernement. Il le représente et s'exprime en son nom. Il est considéré comme responsable de l'exécution de la politique générale tracée par le Conseil des ministres. Il exerce les prérogatives suivantes :

1) Il préside le Conseil des ministres, et est de droit Vice-président du Conseil Supérieur de Défense.

2) Il procède aux consultations parlementaires en vue de former le Gouvernement dont il contresigne avec le Président de la République le décret de formation du Gouvernement.

### Article 64 proposé

Le Président du Conseil des ministres est le Chef du gouvernement. Il le représente et s'exprime en son nom. Il est considéré comme responsable de l'exécution de la politique générale tracée par le Conseil des ministres. Il exerce les prérogatives suivantes:

1) Il préside le Conseil des ministres, et est de droit Vice-président du Conseil supérieur de Défense.

2) Il procède aux consultations parlementaires en vue de former le Gouvernement **dans un délai d'un mois à compter de la date de sa désignation officielle par écrit, et** contresigne avec le Président de la République le décret de formation du Gouvernement.

**Le Chef du gouvernement désigné peut demander au Président de la**

Dans le délai de trente jours
suivant la parution de ce décret,
le Gouvernement doit présenter à
la Chambre des députés sa
déclaration ministérielle en vue
d'obtenir la confiance.

 Le Gouvernement ne peut exercer
ses prérogatives avant l'obtention
de la confiance ni après sa
démission ni après avoir été
considéré comme démissionnaire,
que dans le sens étroit de
l'expédition des affaires courantes.

3) Il expose la politique générale
du Gouvernement devant la
Chambre des députés.

4) Il contresigne avec le Président
de la République tous les décrets
à l'exception de celui le nommant
Président du Conseil des
ministres ainsi que le décret
acceptant la démission du

**République une prolongation d'un
mois du délai de formation du
Conseil des ministres, et sa
demande ne peut être rejetée.**

**Le Chef du gouvernement est
considéré comme ayant renoncé
de plein droit à sa tâche à
l'expiration du délai initial ou du
délai prorogé sans publication du
décret de formation. Les
consultations parlementaires
contraignantes sont alors
relancées pour désigner un
nouveau Chef du gouvernement.**

Dans le délai de trente jours suivant
la parution de ce décret, le
Gouvernement doit présenter à la
Chambre des députés sa
déclaration ministérielle en vue
d'obtenir la confiance.

Le Gouvernement ne peut exercer
ses prérogatives avant l'obtention
de la confiance ni après sa
démission ni après avoir été
considéré comme démissionnaire,
que dans le **cadre** de l'expédition
des affaires courantes.

3) Il expose la politique générale du
Gouvernement devant la Chambre
des députés.

4) Il contresigne avec le Président
de la République tous les décrets à
l'exception de celui le nommant
Chef du gouvernement, du décret
acceptant la démission du
Gouvernement ou le considérant

Gouvernement ou le considérant comme démissionnaire.

5) Il contresigne le décret de convocation à l'ouverture d'une session extraordinaire, les décrets promulguant les lois ou les renvoyant pour seconde lecture.

6) Il invite le Conseil des ministres à se réunir et établit son ordre du jour. Il informe préalablement le Président de la République des sujets y figurant ainsi que des sujets urgents qui seront discutés.

7) Il suit les activités des administrations et des établissements publics, assure la coordination entre les ministres et donne les directives générales en vue de garantir la bonne marche du travail.

8) Il tient des réunions de travail avec les parties concernées dans l'Etat en présence du ministre intéressé.

comme démissionnaire, **ainsi que du décret de dissolution de la Chambre des députés.**

5) Il contresigne avec le Président de la République le décret de convocation à l'ouverture d'une session extraordinaire, **le décret ajournant les Chambres**, les décrets promulguant les lois ou les renvoyant pour seconde lecture.

6) Il invite le Conseil des ministres à se réunir et établit son ordre du jour. Il informe préalablement le Président de la République des sujets y figurant ainsi que des sujets urgents qui seront discutés.

7) Il suit les activités des administrations et des établissements publics, assure la coordination entre les ministres et donne des directives générales pour garantir le bon fonctionnement du travail.

8) Il tient des réunions de travail avec les parties concernées de l'Etat en présence du ministre intéressé.

9) **Sous réserve des dispositions de l'article (51), il assure l'exécution des lois et exerce le pouvoir réglementaire par voie de décrets qu'il promulgue et sur lesquels il appose sa signature avec le ou les ministres intéressés.**

# Troisièmement: Le Conseil des ministres

## Article 65 en vigueur

Le pouvoir exécutif est confié au Conseil des ministres. Il est l'autorité à laquelle sont soumises les forces armées. Il exerce, notamment, les prérogatives suivantes:

1) Il établit la politique générale de l'Etat dans tous les domaines, élabore les projets de lois et les décrets réglementaires et prend les décisions nécessaires pour leur mise en application.

2) Il veille à l'exécution des lois et règlements, et supervise les activités de tous les organismes de l'Etat sans exception: Administrations et Etablissements civils, militaires et sécuritaires.

3) Il nomme les fonctionnaires de l'Etat et met fin à leurs services. Il accepte leur démission conformément à la loi.

4) Il dissout à la demande du Président de la République la Chambre des députés si celle-ci, sans raison de force majeure, s'abstient de se réunir durant toute une session ordinaire ou tout au long de deux sessions extraordinaires successives dont

## Article 65 proposé

Le pouvoir exécutif est confié au Conseil des ministres. Il est l'autorité à laquelle sont soumises les forces armées. Il exerce, notamment, les prérogatives suivantes:

1) Il établit la politique générale de l'Etat dans tous les domaines et prend les décisions nécessaires pour leur mise en application. Il élabore les projets de loi.

2) Il supervise les activités de tous les organismes de l'Etat sans exception: administrations et établissements civils, militaires et sécuritaires.

3)   **Il approuve** la nomination des fonctionnaires de l'Etat, leur licenciement et l'acceptation de leur démission conformément à la loi.

la durée de chacune n'est pas inférieure à un mois, ou en cas de rejet du budget dans son ensemble dans le but de paralyser l'action du Gouvernement. Ce droit ne peut être exercé une deuxième fois pour les mêmes raisons qui ont entraîné la dissolution de la Chambre la première fois.

5) Le Conseil des ministres se réunit périodiquement en un siège qui lui est propre. Le Président de la République en préside les réunions lorsqu'il y assiste. Le quorum légal pour ses réunions est des deux tiers de ses membres. Les décisions y sont prises par consensus, ou si cela s'avère impossible, par vote, et les décisions sont alors prises à la majorité des présents.

Quant aux questions fondamentales elles requièrent l'approbation des deux tiers des membres du Gouvernement tel que le nombre en a été fixé dans le décret de formation. Les questions suivantes sont considérées comme fondamentales:
La révision de la Constitution, la proclamation de l'état d'urgence et sa levée, la guerre et la paix, la mobilisation générale, les accords et traités internationaux, le budget général de l'Etat, Les programmes de développement globaux et à long terme, la nomination des fonctionnaires de la première catégorie ou équivalent, la

4) Le Conseil des ministres se réunit périodiquement et le Président de la République préside ses séances lorsqu'il le souhaite **sans participer au vote**. Le quorum légal pour ses réunions est de **la majorité des membres du Gouvernement tel que le nombre en a été fixé dans le décret de formation**, et il prend ses décisions par consensus, ou si cela s'avère impossible, par vote, et ses décisions sont prises à la majorité des présents.

révision des circonscriptions administratives, la dissolution de la Chambre des députés, la loi électorale, la loi sur la nationalité, les lois concernant le statut personnel et la révocation des ministres.

## Article 66 en vigueur

Nul ne peut être ministre s'il n'est Libanais, et s'il ne remplit les conditions requises pour être éligible à la Chambre des députés.

Les ministres ont la direction supérieure de tous les services de l'Etat qui relèvent de leurs départements respectifs. Ils assurent, chacun en ce qui le concerne, l'application des lois et des règlements.
Les ministres sont solidairement responsables devant la Chambre des députés de la politique générale du Gouvernement et individuellement de leurs actes personnels.

## Article 66 proposé

Nul ne peut être ministre s'il n'est Libanais, et s'il ne remplit les conditions requises pour être éligible à la Chambre des députés.

Les ministres ont la direction supérieure de tous les services de l'Etat qui relèvent de leurs départements respectifs. Ils assurent, chacun en ce qui le concerne, l'application des lois et des règlements.
Les ministres sont solidairement responsables devant **les deux Chambres** de la politique générale du Gouvernement et individuellement de leurs actes personnels.

## Article 67 en vigueur

Les ministres ont le libre accès de la Chambre et doivent être entendus quand ils le demandent. Ils peuvent se faire assister par un ou plusieurs fonctionnaires de leur département.

## Article 67 proposé

Les ministres ont le libre accès **des deux Chambres** et doivent être entendus quand ils le demandent. Ils peuvent se faire assister par un ou plusieurs fonctionnaires de leur département.

Article 68 en vigueur

Lorsque, conformément à l'article 37, la Chambre déclare n'avoir plus confiance dans un ministre, ce ministre est tenu de se démettre.

Article 69 en vigueur

1) Le Gouvernement est considéré comme démissionnaire dans les cas suivants:

a) Si le Président du Conseil démissionne.

b) S'il perd plus que le tiers du nombre de ses membres tel qu'il a été fixé dans le décret de formation.

c) En cas de décès du Président du Conseil.

d) Au début du mandat du Président de la République.

e) Au début du mandat de la Chambre des députés.

f) Lorsque la Chambre des députés lui retire sa confiance de sa propre initiative ou suite à une question de confiance.

2) La révocation d'un ministre intervient par décret pris par le Président de la République et contresigné par le Chef du gouvernement après l'approbation des deux tiers des membres du Gouvernement.

Article 68 proposé

Lorsque, conformément à l'article (37), l'une des **Chambres**, déclare n'avoir plus confiance dans un ministre, ce ministre est tenu de se démettre.

Article 69 proposé

1) Le Gouvernement est considéré comme démissionnaire dans les cas suivants:

a) Si le Président du Conseil démissionne.

b) S'il perd plus que le tiers du nombre de ses membres tel qu'il a été fixé dans le décret de formation.

c) En cas de décès du Président du Conseil.

d) Au début du mandat du Président de la République.

e) Au début du mandat de la Chambre des députés.

f) Lorsque **l'une des deux Chambres** lui retire sa confiance de sa propre initiative ou suite à une question de confiance.

2) La révocation d'un ministre **ou la modification de son portefeuille ministériel** intervient par décret pris par le Président de la République sur proposition du Chef du gouvernement.

3) Lorsque le Gouvernement présente sa démission ou est considéré comme démissionnaire, la Chambre des députés devient de plein droit en session extraordinaire jusqu'à la formation d'un nouveau gouvernement et l'obtention de la confiance.

3) Lorsque le Gouvernement présente sa démission ou est considéré comme démissionnaire, le Parlement devient de plein droit en session extraordinaire **jusqu'à la formation d'un nouveau gouvernement et l'obtention de la confiance à la Chambre des députés.**

### Article 70 en vigueur

La Chambre des députés a le droit de mettre le Président du Conseil des ministres et les ministres en accusation pour haute trahison ou pour manquement grave aux devoirs de leur charge.

### Article 70 proposé

La Chambre des députés a le droit de mettre le Président du Conseil des ministres et les ministres en accusation pour haute trahison ou pour manquement grave aux devoirs de leur charge **et qui sont directement liés à l'exercice de leurs fonctions ministérielles, à l'exclusion des actes criminels commis par le ministre dans l'exercice de ses fonctions ou ceux de nature criminelle flagrante qui constituent un détournement de pouvoir en substituant l'intérêt privé à l'intérêt général.**

La mise en accusation ne peut être décidée qu'à la majorité des deux tiers des membres de l'Assemblée entière. Une loi spéciale déterminera la responsabilité civile du Président du Conseil des ministres et des ministres.

La mise en accusation ne peut être décidée qu'à la majorité **absolue** de l'ensemble des membres de la Chambre des députés. Une loi spéciale déterminera la responsabilité civile du Président du Conseil des ministres et des ministres.

# TITRE III

## A. ELECTION DU PRESIDENT DE LA REPUBLIQUE

### Article 73 en vigueur

Un mois au moins et deux mois au plus avant l'expiration des pouvoirs du Président de la République, la Chambre se réunit sur la convocation de son Président pour l'élection du nouveau Président. A défaut de convocation, cette réunion aura lieu de plein droit le dixième jour avant le terme de la magistrature présidentielle.

### Article 73 proposé

Un mois au moins et deux mois au plus avant l'expiration des pouvoirs du Président de la République, **les Chambres devront être réunies en Congrès sur la convocation de Président du Sénat** pour l'élection du nouveau Président. A défaut de convocation, cette réunion aura lieu de plein droit le **quinzième jour** avant le terme de la magistrature présidentielle.

### Article 74 en vigueur

En cas de vacance de la présidence par décès, démission ou pour toute autre cause, l'Assemblée se réunit immédiatement et de plein droit pour élire un nouveau Président. Si au moment où se produit la vacance la Chambre se trouve dissoute, les collèges électoraux sont convoqués sans retard, et aussitôt, les élections faites, la Chambre se réunit de plein droit.

### Article 74 proposé

En cas de vacance de la présidence par décès, démission ou pour toute autre cause, **les deux Assemblées se réunissent en Congrès immédiatement et de plein droit,** pour élire un nouveau Président. Si au moment où se produit la vacance la Chambre des députés se trouve dissoute, les collèges électoraux sont convoqués sans retard, et aussitôt, les élections faites, les Chambres se réunissent de plein droit.

Article 75 en vigueur

La Chambre réunie pour élire le Président de la République constitue un collège électoral et non une assemblée délibérante. Elle doit procéder uniquement, sans délai ni débat, à l'élection du Chef de l'Etat.

Article 75 proposé

**Le Congrès** réuni pour élire le Président de la République constitue un collège électoral et non une assemblée délibérante. Il doit procéder uniquement, sans délai ni débat, à l'élection du Chef de l'Etat.

## B. REVISION DE LA CONSTITUTION

Article 76 en vigueur

La Constitution peut être révisée sur l'initiative du Président de la République. Dans ce cas, le Gouvernement saisira l'Assemblée d'un projet de loi constitutionnelle.

Article 76 proposé

La Constitution peut être révisée sur l'initiative du Président de la République. Dans ce cas, le Gouvernement saisira les **Chambres réunies en Congrès** d'un projet de loi constitutionnelle.

Article 77 en vigueur

La Constitution peut également être révisée sur l'initiative de la Chambre. Cette révision a lieu de la façon suivante:
La Chambre peut, au cours d'une session ordinaire et sur la proposition de dix de ses membres au moins, émettre, à la majorité des deux tiers des membres qui la composent légalement, une proposition de révision de la Constitution.

Article 77 proposé

La Constitution peut également être révisée sur l'initiative **des députés**. Cette révision a lieu de la façon suivante:
La Chambre des députés peut, au cours d'une session ordinaire et sur la proposition de dix de ses membres au moins, émettre, à la majorité des deux tiers des membres qui la composent légalement, une proposition de révision de la Constitution.

Les articles et les questions visés par la proposition doivent être clairement précisés et énumérés.
Le Président de la Chambre transmet la proposition au Gouvernement en lui demandant d'établir un projet de loi constitutionnelle.
Si le Gouvernement approuve la proposition de la Chambre à la majorité des deux tiers, il doit préparer le projet de révision et en saisir la Chambre dans un délai de quatre mois ; si le Gouvernement n'est pas d'accord avec la Chambre, il lui renvoie la résolution afin qu'elle en délibère à nouveau.
Si la Chambre maintient sa proposition à la majorité des trois quarts des membres la composant légalement, il est loisible au Président de la République, soit d'acquiescer au désir de la Chambre, soit de demander au Conseil des ministres de la dissoudre, et de procéder à de nouvelles élections dans un délai de trois mois.
Si la nouvelle Chambre insiste sur la nécessité de la révision, le Gouvernement est obligé d'acquiescer et de présenter le projet de révision dans un délai de quatre mois.

Les articles et les questions visés par la proposition doivent être clairement précisés et énumérés.
Le Président de la Chambre des députés transmet la proposition au Gouvernement en lui demandant d'établir un projet de loi constitutionnelle.
Si le Gouvernement approuve la proposition de la Chambre des députés, il doit préparer le projet de révision et en saisir **les Chambres** dans un délai de quatre mois ; si le Gouvernement n'est pas d'accord avec la Chambre des députés, il lui renvoie la résolution afin qu'elle en délibère à nouveau.
Si la Chambre des députés maintient sa proposition à la majorité des trois quarts des membres la composant légalement, **le Gouvernement doit acquiescer et présenter le projet de révision dans un délai de deux mois.**

# C. FONCTIONNEMENT DU CONGRES

## Article 78 en vigueur

La Chambre saisie d'un projet de loi constitutionnelle, ne doit, jusqu'au vote définitif, s'occuper que de la révision. Elle ne peut délibérer et voter que sur les articles et questions limitativement énumérés et précisés au projet qui lui a été transmis.

## Article 79 en vigueur

La Chambre des députés saisie d'un projet de loi constitutionnelle ne peut valablement délibérer et procéder au vote à son sujet que lorsqu'une majorité des deux tiers des membres qui la composent légalement se trouve réunie et le vote doit intervenir à la même majorité.
Le Président de la République est tenu de promulguer la loi constitutionnelle dans les mêmes conditions et formes de promulgation et de publication des lois ordinaires. Il peut dans le délai fixé pour la promulgation demander à la Chambre des députés, après en avoir informé le Conseil des ministres, une nouvelle délibération au sujet du projet et le vote doit intervenir également à la majorité des deux tiers.

## Article 78 proposé

**Le Président du Sénat préside le Congrès, et le bureau du Sénat fait office de bureau du Congrès.** **Le Congrès** saisi d'un projet de loi constitutionnelle, ne doit, jusqu'au vote définitif, s'occuper que de la révision. Il ne peut délibérer et voter que sur les articles et questions limitativement énumérés et précisés au projet qui lui a été transmis.

## Article 79 proposé

**Le Congrès** saisi d'un projet de loi constitutionnelle ne peut valablement délibérer et procéder au vote à son sujet que lorsque la majorité des **deux tiers des membres de chaque Chambre se trouve réunie** et le vote doit intervenir à la même majorité.

Le Président de la République est tenu de promulguer la loi constitutionnelle dans les mêmes conditions et formes de promulgation et de publication des lois ordinaires. Il peut dans le délai fixé pour la promulgation demander au **deux Chambres réunies en Congrès** après en avoir informé le Conseil des ministres, une nouvelle délibération au sujet du projet et le vote doit intervenir également à la majorité des deux tiers.

# TITRE IV: DISPOSITIONS DIVERSES

## A. HAUTE-COUR

| Article 80 en vigueur | Article 80 proposé |
|---|---|
| La Haute-Cour, dont la mission est de juger les Présidents et les ministres, se compose de sept députés élus par la Chambre des députés et de huit des plus hauts magistrats libanais pris par ordre hiérarchique ou, à rang égal, par ordre d'ancienneté. Ils se réunissent sous la présidence du magistrat le plus élevé en grade. Les arrêts de condamnation de la Haute-Cour sont rendus à la majorité de dix voix. Une loi spéciale déterminera la procédure à suivre devant cette Cour. | La Haute-Cour, dont la mission est de juger les Présidents et les ministres, se compose de **sept sénateurs élus par le Sénat** et de huit des plus hauts magistrats judiciaires, administratifs et financiers, pris par ordre hiérarchique ou, à rang égal, par ordre d'ancienneté. Ils se réunissent sous la présidence du magistrat le plus élevé en grade. Les arrêts de condamnation de la Haute-Cour sont rendus à la majorité de dix voix. Une loi spéciale déterminera la procédure à suivre devant cette Cour **et prévoira le statut des membres suppléants aux membres titulaires**. |

## B. FINANCES

| Article 83 en vigueur | Article 83 proposé |
|---|---|
| Chaque année, au début de la session d'octobre, le Gouvernement soumet à la Chambre des députés, pour examen et approbation, le budget général des recettes et des dépenses de l'Etat pour l'année suivante. Le budget est voté article par article. | Chaque année, **au début de la session législative**, le Gouvernement soumet au **Parlement**, pour examen et approbation, le budget général des recettes et des dépenses de l'Etat pour l'année suivante. Le budget est voté article par article. |

Article 84 en vigueur

La Chambre ne peut, au cours de la discussion du budget et des projets de loi portant ouverture de crédits supplémentaires ou extraordinaires, relever les crédits proposés dans le projet de budget ou dans les projets sus-indiqués, ni par voie d'amendement, ni par voie de propositions indépendantes. Mais, cette discussion terminée, l'Assemblée peut voter des lois comportant des dépenses nouvelles.

Article 84 proposé

Les **deux Chambres** ne peuvent, au cours de la discussion du budget et des projets de loi portant ouverture de crédits supplémentaires ou extraordinaires, relever les crédits proposés dans le projet de budget ou dans les projets sus-indiqués, ni par voie d'amendement, ni par voie de propositions indépendantes. Mais, une fois cette discussion terminée, les deux Chambres peuvent voter des lois comportant des dépenses nouvelles **à condition que leurs recettes soient assurées.**

Article 85 en vigueur

Aucun crédit extraordinaire ne peut être ouvert que par une loi spéciale. Néanmoins, lorsque des circonstances imprévues rendent nécessaires des dépenses urgentes, le Président de la République peut, par décret pris sur avis conforme du Conseil des ministres, ouvrir des crédits extraordinaires ou supplémentaires, ou opérer tous virements de crédits. Ces crédits ne peuvent dépasser un montant maximum fixé dans le budget. Les mesures ainsi édictées sont soumises à la ratification de la Chambre à la première session qui suit.

Article 85 proposé

Aucun crédit extraordinaire ne peut être ouvert que par une loi spéciale. Néanmoins, lorsque des circonstances imprévues rendent nécessaires des dépenses urgentes, le Président de la République peut, par décret pris sur avis conforme du Conseil des ministres, ouvrir des crédits extraordinaires ou supplémentaires, ou opérer tous virements de crédits. Ces crédits ne peuvent dépasser un montant maximum fixé dans le budget. Les mesures ainsi édictées sont soumises à la ratification **des Chambres à la première session qui suit qu'elle soit ordinaire ou extraordinaire.**

| Article 86 en vigueur | Article 86 proposé |
| --- | --- |
| Si la Chambre des députés n'a pas définitivement statué sur le projet de budget avant l'expiration de la session consacrée à l'examen du budget, le Président de la République en accord avec le Président du Conseil des ministres convoquera la Chambre à une session extraordinaire expirant fin janvier pour poursuivre la discussion du budget. Si, à la fin de cette session extraordinaire, il n'est pas définitivement statué sur le budget, le Conseil des ministres pourra prendre une décision sur la base de laquelle le Président de la République promulguera un décret, rendant le projet de budget exécutoire et applicable, dans la forme où il a été présenté à la Chambre. | **Si les Chambres** ne statuent pas définitivement sur le projet de budget **avant la fin du mois de décembre,** le Conseil des ministres pourra prendre une décision sur la base de laquelle le Président de la République promulgue un décret, rendant le projet de budget exécutoire et applicable, dans la forme où il a été présenté aux **Chambres**. |
| Le Conseil des ministres ne pourra exercer ce droit que si le projet de budget a été présenté à la Chambre quinze jours au moins avant le commencement de la session. | Le Conseil des ministres ne pourra exercer ce droit que si le projet de budget a été présenté à la Chambre des députés quinze jours au moins avant le début de **sa** session. |
| Au cours de ladite session extraordinaire, les impôts, contributions, taxes, droits et autres recettes continueront d'être perçus comme précédemment. Les dépenses du mois de janvier sont engagées sur la base du douzième provisoire de | **Toutefois, si le budget n'est pas adopté à la fin de l'année au plus tard,** les impôts, contributions, taxes, droits, et autres recettes continueront d'être perçus comme précédemment. Les dépenses sont engagées **mensuellement** sur la base du douzième provisoire de |

l'exercice précédent, majorées
des crédits additionnels et
supplémentaires permanents et
diminuées des crédits
permanents retirés.

l'exercice précédent, majorées des
crédits additionnels et
supplémentaires permanents et
diminuées des crédits permanents
retirés **jusqu'à la promulgation du
nouveau budget.**

Article 87 en vigueur

Le compte définitif de
l'administration des finances pour
l'exercice clos doit être soumis à
la Chambre et approuvé avant la
promulgation du budget du
deuxième exercice après celui
auquel le compte se réfère. La
Cour des comptes sera créée par
une loi spéciale.

Article 87 proposé

Le compte définitif de
l'administration des finances pour
l'exercice clos doit être soumis **aux
Chambres** et approuvé avant la
promulgation du budget du
deuxième exercice après celui
auquel le compte se réfère. **Il doit
être présenté au préalable par le
Gouvernement à la Cour des
comptes.**

# TITRE VI: DISPOSITIONS FINALES ET TRANSITOIRES

Article 95 en vigueur

La Chambre des députés élue sur
une base égalitaire entre les
musulmans et les chrétiens doit
prendre les dispositions
adéquates en vue d'assurer la
suppression du
confessionnalisme politique,
suivant un plan par étapes. Un
comité national sera constitué et
présidé par le Président de la
République, comprenant en plus
du Président de la Chambre des
députés et du Président du
Conseil des ministres, des
personnalités politiques,

Article 95 proposé

**Le Sénat doit étudier les moyens
de dépasser le confessionnalisme, préparer un plan
approprié pour sa mise en œuvre,
et soumettre ses propositions au
Président de la République afin
qu'il leur soit donné le cours
constitutionnel et légal
approprié, à condition que :**

intellectuelles et sociales. La mission de ce comité consiste à étudier et à proposer les moyens permettant de supprimer le confessionnalisme et à les présenter à la Chambre des députés et au Conseil des ministres ainsi qu'à poursuivre l'exécution du plan par étapes. Durant la période intérimaire :

a) Les communautés seront représentées équitablement dans la formation du ministère.

a- Les communautés soient équitablement représentées dans la formation du ministère, **en tenant compte de la règle de la tripartition dans le cadre de la parité**.

b) La règle de la représentation confessionnelle est supprimée. Elle sera remplacée par la spécialisation et la compétence dans la fonction publique, la magistrature, les institutions militaires, sécuritaires, les établissements publics et d'économie mixte, et ce, conformément aux nécessités de l'entente nationale, à l'exception des fonctions de la première catégorie ou leur équivalent.

b- La spécialisation et la compétence sont adoptées dans la fonction publique, le pouvoir judiciaire, les institutions militaires, sécuritaires, les établissements publiques et d'économie mixte, **dans le cas où le concours garantissant les critères de professionnalisme, de transparence et d'égalité serait le mécanisme de sélection adopté**, à l'exception des fonctions de première catégorie ou leur équivalent **où la règle de la représentation communautaire est prise en compte.**

Ces fonctions seront réparties à égalité entre les chrétiens et les musulmans sans réserver une quelconque fonction à une communauté déterminée tout en respectant les principes de spécialisation et de compétence.

Ces fonctions sont réparties à égalité entre chrétiens et musulmans sans réserver une quelconque fonction à une communauté déterminée, tout en respectant les principes de spécialisation et de compétence.

| Article 96 en vigueur | Article 96 proposé |
|---|---|
| (Abrogé par la loi constitutionnelle du 17/10/1927) | **La répartition des sièges sénatoriaux entre les communautés se fera conformément aux dispositions de l'article (22), dans la proportion suivante :** |

**Sénateurs élus :**

**25 maronites, 20 sunnites, 20 chiites, 10 grecs-orthodoxes, 6 grecs-catholiques, 6 druzes, 3 arméniens-orthodoxes, 1 arménien-catholique, 1 alaouite, 1 protestant, 1 chrétien minoritaire.**

**Total : 94 sièges.**

**Sénateurs nommés :**

**3 maronites, 3 sunnites, 3 chiites 2 grecs-orthodoxes, 2 grecs-catholiques, 2 druzes 1 arménien-orthodoxe, 1 alaouite, 1 chrétien minoritaire (y compris les Arméniens-catholiques et les protestants).**

**Total : 18 sièges.**

www.ingramcontent.com/pod-product-compliance
Lightning Source LLC
Chambersburg PA
CBHW051757250726
48659CB00001B/461